「物理数学」と「プログラム」でわかる「音」の解析

CONTENTS

まえがき

　昨今の「音響システム」は、「デジタル」と同時に「アナログ」的も欠かせない存在になっています。

　そして、それらを理解するためには、「工学」や「物理」「数学」の知識が不可欠になっています。

　本書では、主に次のような内容にまとめてあります。

○ 音響工学

○ 波動方程式

○ 伝達関数と古典制御

○ ラプラス変換と電気回路

○ Arduino によるサウンドシステム

○ 振動と波動

　「音」という波を多角的に捉えるための手段として、「波動方程式」に重点を置いています。

　基礎知識のある学生の方はもちろん、これから工学や物理、数学を志す方にも理解が深まるように書いたつもりです。

　本書をきっかけに、さまざまな理系の分野に興味を抱いてくださると幸いです。

君島　武志

第1章

音響工学

ここでは、「3次元音響」「共振回路」「ヘルムホルツの共鳴器」「音響インピーダンス」「Arduino によるサウンドシステム」などの「音響工学」に必要な知識を解説していきます。

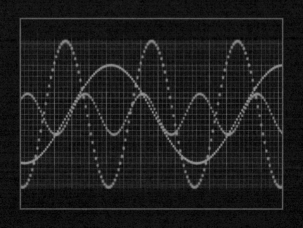

1.1 「電子回路フィルタ」の「3次元音響」

　電子回路の「フィルタ」を通して再生された「音」を別の「再生音場」で再現する、「3次元音響」についてシミュレーションしてみます。

*

　別の部屋で聞いている人の耳に届く音が、どのように聞こえるのかを数値化することで、可視化します。

　どの位置にいても同じ音で聞こえるようにするためには、臨場感システムの音響が必要です。

　これは、「ライブ会場」や「ホール」でのミキシングや、リハーサルに役立ちます。

*

　この節では、「フィルタの仕組み」「耳への入力信号」についての応用も理解することができます。

回路と音響

■「フィルタ」の設定

　「フィルタ」を通した「音源」は、「積層コンデンサ」「カーボン抵抗」「圧電スピーカー」を組み合わせた電子回路で作ります。

　それぞれ「1次」と「2次」の「ローパス・フィルタ」「ハイパス・フィルタ」を通して「音」を鳴らす仕組みです。

　それぞれの回路は、次の図のようになります。

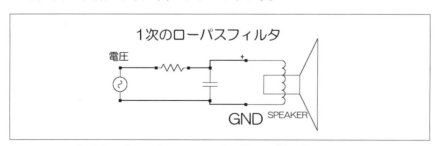

「1次」の「ローパス・フィルタ」を使った「音源」の電子回路

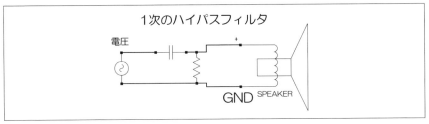

「1次」の「ハイパス・フィルタ」を使った「音源」の電子回路

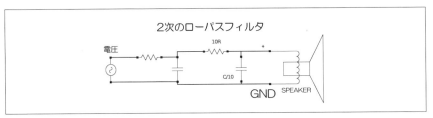

「2次」の「ローパス・フィルタ」を使った「音源」の電子回路

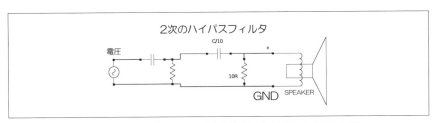

「2次」の「ハイパス・フィルタ」を使った「音源」の電子回路

「フィルタ設定」用の変数は以下になります。

$$m = \textbf{コンデンサ}(\mu)$$
$$R = \textbf{抵抗}(\Omega)$$
$$micro = \frac{1.0}{1000000.0}$$

単位の変換

$$C = m * micro$$

回路のカットオフ周波数

$$w0 = \frac{1.0}{C * R}$$

カットオフ周波数を正規化

fs = サンプリング周波数
$$w0 = \frac{w0}{fs}$$

アナログフィルタの
カットオフ周波数
$$w0 = \frac{\tan(w0 * \pi)}{2.0 * \pi}$$

「フィルタの変数 s」は、

ローパス・フィルタ
$$s = \frac{s}{2.0 * \pi * w0}$$

ハイパス・フィルタ
$$s = \frac{2.0 * \pi * w0}{s}$$

となり、「バターワース・フィルタ」の式に代入することで、「1次」と「2次」の「ローパス・フィルタ」と「ハイパス・フィルタ」ができます。

1次のバターワース・フィルタ
$$H1 = \frac{1.0}{s + 1.0}$$

2次のバターワース・フィルタ
$$H2 = \frac{1.0}{s^2 + \sqrt{2.0} * s + 1.0}$$

■ 音源

「音源」は、「位相の遅れ」を「$phi = -(r/c)$」とする「球面波」です。

違う周波数で左右の耳から聞こえる「音」を想定しています。

両端を滑らかにするために、「窓関数」をかけます。

$$Ns = \textbf{音の長さ}$$
$$window = 0.5 * \left\{ 1.0 - \cos\left(\frac{2.0 * \pi * i}{Ns} \right) \right\}$$

「フィルタ」と「窓関数」を掛けて音源に加算すると、「回路」の「音」が出来ます。

$$y = y + sound[i] * H(i) * window(i)$$

■ インパルス応答

● 頭部インパルス応答

「音源」と「基になるインパルス応答」を畳（たた）み込みます。
「基になるインパルス応答」は、「swept-sine 信号」「逆 swept-sine 信号」を、それぞれ「逆フーリエ変換」して作られた、「インパルス応答」です。

「音源」と、この「インパルス応答」を畳（たた）み込むことで、「頭部インパルス応答」ができます。

●「外耳道入り口」の「インパルス応答」

「音源」と「頭部インパルス応答」を畳（たた）み込むことで、「外耳道入り口」の「インパルス応答」ができます。

さらに、「フーリエ変換」を行なうことで、「伝達関数」が出来ます。

● 「耳」への「入力信号」

　「音源」と「外耳道入り口のインパルス応答」を畳み込むと、「耳への入力信号」が出来ます。

■「3 次元音響」と再現

　「原音場」の「音源」から入力した「音」を、「再生音場」で「ヘッドホン」を使って聴く、という設定で、「3 次元音響」をシミュレーションしてみましょう。

＊

　「原音場」の「耳」への「入力信号」を「$X(\omega)$」として、「外耳道入り口の伝達関数 $H(\omega)$」を伴って、次の式で「再生音場の音 $Y(\omega)$」に伝わります。

$$Y(\omega) = X(\omega) * G(\omega) * H(\omega)$$

　「$G(\omega)$」は、「原音場」と「再生音場」の「音」を等しくするための「フィルタ」です。

　この「フィルタ」は、「位相の遅れ」と「伝達関数」から、次の式で表わします。

$$G(\omega) = \frac{phi}{H}(\omega)$$

　この値から左右の「耳」への「信号」は、次のようになります。

$$
\begin{aligned}
Y_l(\omega) &= X(\omega)_l * G(\omega)_l * H(\omega)_l \\
&= X(\omega)_l * phi \\[1em]
Y_r(\omega) &= X(\omega)_r * G(\omega)_r * H(\omega)_r \\
&= X(\omega)_r * phi
\end{aligned}
$$

この値から、「信号の両時間差情報」を求めると、

$$\frac{Y_r(\omega)}{Y_l(\omega)}$$

となります。

サンプル・プログラム

プログラム言語は「Python3」です。

このプログラムでは、特に電子部品の用意や、回路を組む必要はありません。

「コンパイル」は、端末で、「python3 ファイル名 .py」と入力します。

ライブラリの「Numpy」は、別途「python3用」をインストールしてください。

フィルタを通した音から耳への入力信号を求めるプログラム

```
import numpy as np

fs=11025.0 #サンプリング周波数
f1=440.0 #音の周波数1
f2=329.63 #音の周波数2
A=1.0 #振幅
w1=2.0*np.pi*f1 #ω
w2=2.0*np.pi*f2 #ω
c=331.5*np.sqrt((273.0+20)/273.0) #音速(気温20度)
j=1j #虚数単位

x=1.0
y=2.0
z=3.0
r=np.sqrt(x**2+y**2+z**2)
phi=-(r/c) #位相の遅れ

##関数
def bfilter(s,flag): #フィルタ
```

```python
    m=10.0 #コンデンサ(μ)
    R=100.0 #抵抗(Ω)
    micro=1.0/1000000.0
    C=m*micro #単位の変換
    w0=1.0/(C*R) #回路のカットオフ周波数
    w0=w0/fs #回路のカットオフ周波数を正規化
    w0=np.tan(w0*np.pi)/(2.0*np.pi) #アナログフィルタのカットオフ周波数

    if flag==1: #ローパスフィルタ
     s=s/(2.0*np.pi*w0)

    if flag==2: #ハイパスフィルタ
     s=2.0*np.pi*w0/s

    H1=1.0/(s+1.0) #1次のバターワースフィルタ
    H2=1.0/(s**2.0+np.sqrt(2.0)*s+1.0) #2次のバターワースフィルタ

    return H1,H2

def sound(): #音源
  n=10
  pl=np.zeros(n)
  pr=np.zeros(n)
  for t in range(n):
   pl[t]=A*np.sin(w1*((t+1)/fs)+phi) #球面波(左耳)
   pr[t]=A*np.sin(w2*((t+1)/fs)+phi) #球面波(右耳)

  return pl,pr

def idft(fr,fi,N): #逆フーリエ変換
  al=[]
  bl=[]
  p=N
  for n in range(p):
   re=0.0
   im=0.0
   for m in range(p):
    pi=2.0*np.pi/float(p)*float(m)
    x=pi*float(n)
    re+=(fr[m]*np.cos(x)-fi[m]*np.sin(x))/float(p)
    im+=(fr[m]*np.sin(x)+fi[m]*np.cos(x))/float(p)
```

```
  rr=np.round(re,5)
  ii=np.round(im,5)
  al.append(rr)
  bl.append(ii)
 return np.array(al),np.array(bl)

def fftmain(x): #高速フーリエ変換
 L=3
 p=int(np.power(2.0,float(L)))
 jj=1j
 v=np.power(2,L)
 r=[]
 i=[]
 wr=[]
 wi=[]
 ra=[]
 ib=[]

 for j in range(1024):
  r.append(0.0)
  i.append(0.0)

 for j in range(p):
  i[j]=x[j]/float(p)

 #ビット逆順
 for j in range(p):
  d=j
  c=p/2
  for k in range(L):
   r[j]+=(d%2)*c
   d/=2
   c/=2

 for j in range(p):
  r[j]=i[int(r[j])]
 for k in range(1024):
  i[k]=0.0

 #FFT
 for j in range(int((p/2)+1)):
  w=-2.0*np.pi/float(p)*float(j)
```

```python
  wr.append(np.cos(w))
  wi.append(np.sin(w))
 for j in range(L):
  t=np.power(2.0,float(j))
  q=np.power(2.0,float(L)-1.0-float(j))
  for k in range(int(q)):
   for h in range(int(t)):
    a=int(float(k)*2.0*t+float(h))
    b=int(float(a)+t)
    #バタフライ計算
    w=int(float(h*q))
    ra=r[a]+r[b]*wr[w]-i[b]*wi[w]
    ia=i[a]+r[b]*wi[w]+i[b]*wr[w]
    rb=r[a]-r[b]*wr[w]+i[b]*wi[w]
    ib=i[a]-r[b]*wi[w]-i[b]*wr[w]
    r[a]=ra
    i[a]=ia
    r[b]=rb
    i[b]=ib

 rr=np.round(r,5)
 ii=np.round(i,5)
 return rr[0:v],ii[0:v]

def sweptsine(flag): #swept-sine信号
 n=3
 N=2**n #Nの値は2のべき乗
 j=1j
 pi=np.pi
 s=np.zeros(N,dtype=np.complex)
 sc=10 #最大振幅

 for k in range(int(N/2)):
  kk=k+1
  if flag==1:
   s[kk]=np.exp(-j*pi*(k**2)/N) #swept-sine信号

  if flag==2:
   s[kk]=np.exp(j*pi*(k**2)/N) #逆swept-sine信号

 for k in range(int(N/2+1),int(N-1)):
  kk=k+1
```

```
   s[kk]=np.conj(s[N-kk+2])
   ssr,ssi=idft(np.real(s),np.imag(s),N) #逆フーリエ変換
   ss=ssr+ssi*j
   ss=ss/np.max(np.real(ss))*sc
  return ss

def convo(a,b): #畳み込み
 y=np.zeros(len(a)+len(b)-1,dtype=np.complex)

 for n in range(len(a)):
  for m in range(len(b)):
   y[n+m]=y[n+m]+a[n]*b[m]
 return y
##関数ここまで
##インパルス応答の作成
swept=sweptsine(1) #swept-sine信号の作成
iswept=sweptsine(2) #逆swept-sine信号の作成
h=convo(swept,iswept) #swept-sine信号の畳み込み

##頭部インパルス応答
j=1j

l,r=sound() #音源
Ns=len(l)
yl1,yl2,yl3,yl4=0.0,0.0,0.0,0.0
yr1,yr2,yr3,yr4=0.0,0.0,0.0,0.0
yll1,yll2,yll3,yll4=[],[],[],[]
yrl1,yrl2,yrl3,yrl4=[],[],[],[]

for i in range(Ns):
 window=0.5*(1.0-np.cos(2.0*np.pi*i/Ns)) #窓関数
 lll1,lll2=bfilter(l[i],1) #1次と2次のローパスフィルタ(左)
 lh1,lh2=bfilter(l[i],2) #1次と2次のハイパスフィルタ(左)

 rl1,rl2=bfilter(r[i],1) #1次と2次のローパスフィルタ(右)
 rh1,rh2=bfilter(r[i],2) #1次と2次のハイパスフィルタ(右)
##フィルタ通過後の音源(左)
#ローパスフィルタ(1次、2次)
 yl1=yl1+l[i]*lll1*window
 yl2=yl2+l[i]*lll2*window

 yll1.append(yl1)
```

```
yl12.append(yl2)
#ハイパスフィルタ(1次、2次)
yl3=yl3+l[i]*lh1*window
yl4=yl4+l[i]*lh2*window

yl13.append(yl3)
yl14.append(yl4)

#フィルタ通過後の音源(右)
#ローパスフィルタ(1次、2次)
yr1=yr1+r[i]*rl1*window
yr2=yr2+r[i]*rl2*window

yrl1.append(yr1)
yrl2.append(yr2)
#ハイパスフィルタ(1次、2次)
yr3=yr3+r[i]*rh1*window
yr4=yr4+r[i]*rh2*window

yrl3.append(yr3)
yrl4.append(yr4)


#頭部インパルス応答(左)
hL1=convo(yl11,h)  #音源*ローパスフィルタ(1次)とswept-sineの畳み込み
hL2=convo(yl12,h)  #音源*ローパスフィルタ(2次)とswept-sineの畳み込み
hL3=convo(yl13,h)  #音源*ハイパスフィルタ(1次)とswept-sineの畳み込み
hL4=convo(yl14,h)  #音源*ハイパスフィルタ(2次)とswept-sineの畳み込み

#頭部インパルス応答(右)
hR1=convo(yrl1,h)  #音源*ローパスフィルタ(1次)とswept-sineの畳み込み
hR2=convo(yrl2,h)  #音源*ローパスフィルタ(2次)とswept-sineの畳み込み
hR3=convo(yrl3,h)  #音源*ハイパスフィルタ(1次)とswept-sineの畳み込み
hR4=convo(yrl4,h)  #音源*ハイパスフィルタ(2次)とswept-sineの畳み込み

##外耳道入り口のインパルス応答と伝達関数
#外耳道入り口のインパルス応答(左)
hjl1=convo(yl11,hL1)
hjl2=convo(yl12,hL2)
hjl3=convo(yl13,hL3)
hjl4=convo(yl14,hL4)
```

```
#外耳道入り口のインパルス応答(右)
hjr1=convo(yrl1,hR1)
hjr2=convo(yrl2,hR2)
hjr3=convo(yrl3,hR3)
hjr4=convo(yrl4,hR4)

#伝達関数(左)
Hlr1,Hli1=fftmain(hjl1)
Hwl1=Hlr1+j*Hli1

Hlr2,Hli2=fftmain(hjl2)
Hwl2=Hlr2+j*Hli2

Hlr3,Hli3=fftmain(hjl3)
Hwl3=Hlr3+j*Hli3

Hlr4,Hli4=fftmain(hjl4)
Hwl4=Hlr4+j*Hli4

#伝達関数(右)
Hrr1,Hri1=fftmain(hjr1)
Hwr1=Hrr1+j*Hri1

Hrr2,Hri2=fftmain(hjr2)
Hwr2=Hrr2+j*Hri2

Hrr3,Hri3=fftmain(hjr3)
Hwr3=Hrr3+j*Hri3

Hrr4,Hri4=fftmain(hjr4)
Hwr4=Hrr4+j*Hri4

#音源と外耳道入り口のインパルス応答の畳み込み
#耳への入力信号(左)
pl1=convo(yll1,hjl1)  #音源*ローパスフィルタ(1次)
pl1=pl1[np.nonzero(pl1)]  #0以外の要素を抽出して配列を生成

pl2=convo(yll2,hjl2)  #音源*ローパスフィルタ(2次)
pl2=pl2[np.nonzero(pl2)]

pl3=convo(yll3,hjl3)  #音源*ハイパスフィルタ(1次)
pl3=pl3[np.nonzero(pl3)]
```

```
pl4=convo(yll4,hjl4)  #音源*ハイパスフィルタ(2次)
pl4=pl4[np.nonzero(pl4)]

#耳への入力信号(右)
pr1=convo(yrl1,hjr1)  #音源*ローパスフィルタ(1次)
pr1=pr1[np.nonzero(pr1)]

pr2=convo(yrl2,hjr2)  #音源*ローパスフィルタ(2次)
pr2=pr2[np.nonzero(pr2)]

pr3=convo(yrl3,hjr3)  #音源*ハイパスフィルタ(1次)
pr3=pr3[np.nonzero(pr3)]

pr4=convo(yrl4,hjr4)  #音源*ハイパスフィルタ(2次)
pr4=pr4[np.nonzero(pr4)]

#原音場と再生音場の音を等しくするためのフィルタ(左)
Gl1=phi/Hwl1
Gl2=phi/Hwl2
Gl3=phi/Hwl3
Gl4=phi/Hwl4

#原音場と再生音場の音を等しくするためのフィルタ(右)
Gr1=phi/Hwr1
Gr2=phi/Hwr2
Gr3=phi/Hwr3
Gr4=phi/Hwr4
print('原音場と再生音場の音を等しくするためのフィルタ(左)')
print(Gl1,'¥n')
print(Gl2,'¥n')
print(Gl3,'¥n')
print(Gl4,'¥n¥n')
print('原音場と再生音場の音を等しくするためのフィルタ(右)')
print(Gr1,'¥n')
print(Gr2,'¥n')
print(Gr3,'¥n')
print(Gr4,'¥n¥n')

#原音場で収録された音を再生音場で再現
Yl1=pl1*phi
Yr1=pr1*phi
```

```
YrYl1=Yr1/Yl1

print('原音場で収録された音を再生音場で再現')
print('音源*1次のローパスフィルタ(左)')
print(Yl1,'\n')
print('音源*1次のローパスフィルタ(右)')
print(Yr1,'\n')
print('信号の両時間差情報')
print(YrYl1,'\n\n')

Yl2=pl2*phi
Yr2=pr2*phi
YrYl2=Yr2/Yl2

print('音源*2次のローパスフィルタ(左)')
print(Yl2,'\n')
print('音源*2次のローパスフィルタ(右)')
print(Yr2,'\n')
print('信号の両時間差情報')
print(YrYl2,'\n\n')

Yl3=pl3*phi
Yr3=pr3*phi
YrYl3=Yr3/Yl3

print('音源*1次のハイパスフィルタ(左)')
print(Yl3,'\n')
print('音源*1次のハイパスフィルタ(右)')
print(Yr3,'\n')
print('信号の両時間差情報')
print(YrYl3,'\n\n')

Yl4=pl4*phi
Yr4=pr4*phi
YrYl4=Yr4/Yl4

print('音源*2次のハイパスフィルタ(左)')
print(Yl4,'\n')
print('音源*2次のハイパスフィルタ(右)')
print(Yr4,'\n')
print('信号の両時間差情報')
print(YrYl4,'\n\n')
```

1.2 「音」の共振回路

「インダクタ」と「コンデンサ」を使った「フィルタ」、そして「直列」と「並列」の「共振回路」における「電流」と「電圧」の関係について、考察していきます。

＊

特定の周波数を遮断（または通過）させるフィルタは、「ノイズの軽減」「エネルギーを蓄える」性質のある「共振回路」は文字通り特定の周波数で共振します。

応用分野は「ラジオ」「スピーカー」「無線」などです。

＊

この節では、「圧電サウンダ」を使って電流や電圧の変化を検証しています。

各種回路と「電流」「電圧」

■ 直列の共振回路（フィルタ）

「共振現象」は、「遮断周波数」を基にした「共振周波数」付近で「振幅」が無限に増大する現象です。

そのような現象が起こる「インダクタ」と「コンデンサ」を使って組まれた回路を、「共振回路」と言います。

＊

「スピーカー」から「音」を出力するための変数は、以下になります。

f = 音の周波数

$w = 2.0 * \pi * f$

t = 時間(s)

j = 虚数単位

$\exp = \cos(w * t) + j * \sin(w * t)$

回路の変数、「カットオフ周波数」は、以下になります。

C = コンデンサ(μ)

R = 抵抗(Ω)

L = インダクタ(μ)

回路のカットオフ周波数

$$w0 = \frac{1.0}{\sqrt{C * L}}$$

Ev = 回路の電圧(V)

「**共振周波数**」を求める式は、次のようになります。

$$fre = \frac{w0 * 1.0}{2.0 * \pi}$$

● **信号伝達特性**

「信号伝達特性」は、信号の物理量が伝達する具合で、「入力電圧」と「出力電圧」の関係を表わします。

・**直列の「ローパス・フィルタ」**

「インダクタ」と「コンデンサ」を直列にした回路で「ローパス・フィルタ」を組むと、図のようになります。

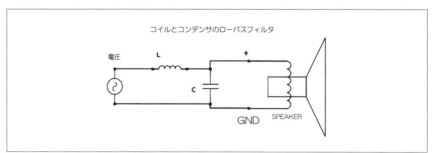

コイルとコンデンサのローパスフィルタ

「コイル」と「コンデンサ」の「ローパス・フィルタ」

以下がこの回路の「信号伝達特性」です。

$$EoEi1 = \frac{1.0}{1.0 - \left(\dfrac{w}{w0}\right)^2}$$

・直列の「ハイパス・フィルタ」

「ハイパス・フィルタ」は、「インダクタ」と「コンデンサ」の位置が変わります。

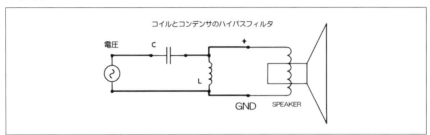

コイルとコンデンサのハイパスフィルタ

電圧　C　+　L　GND　SPEAKER

「コイル」と「コンデンサ」の「ハイパス・フィルタ」

「回路図」は、次のようになります。

以下がこの回路の「信号伝達特性」です。

$$EoEi2 = \frac{-\left(\dfrac{w}{w0}\right)^2}{1.0 - \left(\dfrac{w}{w0}\right)^2}$$

●「電圧」と「インピーダンス」

「直列回路」の「インダクタ」や「コンデンサ」の「電圧」を調べるために、「電気インピーダンス」を計算します。

回路の「電圧」を複素数で表わすと

$$E = E_v * \exp$$

となります。

それぞれの「電気インピーダンス $Z1$、$Z2$」は、以下になります。

インダクタ

$Z = j*w*L$

コンデンサ

$Z2 = \dfrac{1.0}{j*w*L}$

「インピーダンス」と「電圧」の関係から、回路の「電流」を複素数で求められます。

$I = \dfrac{E}{Z1+Z2}$

「インピーダンス」と「電流」から、「インダクタ」にかかる「電圧」は、

$El = Z1*l$

となり、「周波数」が「カットオフ周波数 $w0$」のときの「電圧」は、

$Elw0 = j*\sqrt{\dfrac{L}{C}}*l$

となります。

*

「コンデンサ」にかかる「電圧」も求めてみましょう。

*

同様に「インピーダンス」と「電流」から、

$Ec = Z2*l$

となり、「カットオフ周波数」のときの「電圧」は、

$Ecw0 = -j*\sqrt{\dfrac{L}{C}}*i$

となります。

これは、「インダクタの電圧 $Elw0$」の、符号が逆になったものです。

●「直列回路」の「電気アドミタンス」

　「電気アドミタンス」は、ある値の「電圧」に対する「電流」を表わし、「電気インピーダンス」の逆数になります。

　２つの「インピーダンス」から、以下のようになります。

$$Ys1 = \frac{1.0}{Z1 + Z2}$$

■「並列」の「共振回路」(「インダクタ」と「コンデンサ」)

　「並列の回路」は、以下の図のようになります。

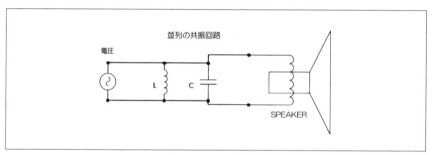

「並列」の共振回路

●「電流」と「電気アドミタンス」

　「並列」に接続された回路の「電圧」は「一定」のため、「インダクタ」と「コンデンサ」にかかる「電流」を求めます。

＊

　「インダクタの電流」は、以下になります。

$$\mu = \frac{E * 1.0}{j * w * L}$$

　「周波数」が「カットオフ周波数」のときの「電流」は、

$$llw0 = -j * \sqrt{\frac{C}{L}} * E$$

となります。

「コンデンサ」にかかる「電流」は、

$$lc = j*w*C*E$$

となり、「周波数」が「カットオフ周波数」のときの「電流」は、

$$lcw0 = j*\sqrt{\frac{C}{L}}*E$$

となります。

「電気アドミタンス」は、以下になります。

$$Ys2 = \frac{C}{L}*\left(j*w*L+\frac{1.0}{j*w*C}\right)$$

■「直列接続」(「インダクタ」「コンデンサ」「抵抗」)

「共振」を抑えるために、「抵抗」を接続してみましょう。

回路図は、以下になります。

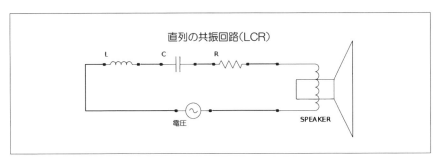

直列の共振回路(LCR)

「直列」の共振回路

「抵抗」の「インピーダンス」は、「抵抗値」をそのままとります。
したがって、「抵抗R」の「インピーダンス」は、

$$Zr = R$$

となります。

「回路のインピーダンス」は、それぞれの「インピーダンス」を加算したものになります。

$$Z = Z1 + Z2 + Zr$$

この値から「電流」を求めると、

$$Ilcr = \frac{E}{Z}$$

となります。

「電気アドミタンス」は、「インピーダンス」の逆数になることから、「電流」と「電圧」から求めると、以下になります。

$$Y = \frac{Ilcr}{E}$$

● 選択率 Q

「選択率 Q」は、「抵抗」が加わることで有限となります。

以下の式になります。

$$Q = \frac{1.0}{w0 * C * R}$$

この値から「インピーダンス Z」の式を書き換えると、以下のようになります。

$$ZQ = \frac{1.0}{j * \left(\frac{w}{w0}\right) * \frac{1.0}{Q} * \frac{1.0}{j} * \left(\frac{w0}{w}\right)}$$

「周波数」が「共振周波数」との「比」で表わされています。

サンプル・プログラム

プログラム言語は「Python3」です。

「電圧」や「電流」「インピーダンス」「電気アドミタンス」などを確認するプログラムとなっています。

特に回路を組む必要は、ありません。

*

回路を通した「音」は「Raspberry pi」などで別途プログラムを作ることで確認することができます。

(「圧電サウンダ」の「音」を出すプログラムを書くだけで、可能です)。

「フィルタ」や「並列回路」には簡略化した図となっていますが、適宜「抵抗」を挟んでテストしてみてください。

直列および並列共振回路の伝達特性を求めるプログラム

```
import numpy as np

f=440.0 #音の周波数
w=2.0*np.pi*f #ω
t=2.0 #時間
j=1j #虚数単位
exp=np.cos(w*t)+j*np.sin(w*t) #指数関数

C=0.1 #コンデンサ(μ)
R=100.0 #抵抗(Ω)
L=100.0 #インダクタ(μ)
micro=10**-6.0
C=C*micro #単位の変換
L=L*micro #単位の変換
w0=1.0/np.sqrt((C*L)) #回路のカットオフ周波数
Ev=3.26 #回路の電圧(V)

##直列の共振回路(インダクタとコンデンサ)
fre=w0*1.0/(2.0*np.pi) #共振周波数
EoEi1=1.0/(1.0-(w/w0)**2)#信号伝達特性(ローパス・フィルタ)
```

27

```
EoEi2=-(w/w0)**2/(1.0-(w/w0)**2)#信号伝達特性(ハイパス・フィルタ)

E=Ev*exp  #回路の電圧(複素数)
Z1=j*w*L  #インダクタのインピーダンス
Z2=1.0/(j*w*C)  #コンデンサのインピーダンス
Zr=R  #抵抗のインピーダンス
I=E/(Z1+Z2)  #回路の電流(複素数)

El=Z1*I  #インダクタの電圧
Elw0=j*np.sqrt(L/C)*I  #インダクタの電圧(周波数がw0のとき)
Ec=Z2*I  #コンデンサの電圧
Ecw0=-j*np.sqrt(L/C)*I  #コンデンサの電圧(周波数がw0のとき)
Ys1=1.0/(Z1+Z2)  #直列回路の電気アドミタンス


##並列の共振回路(インダクタとコンデンサ)
Il=E*1.0/(j*w*L)  #インダクタの電流
Ilw0=-j*np.sqrt(C/L)*E  #インダクタの電流(周波数がw0のとき)
Ic=j*w*C*E  #コンデンサの電流
Icw0=j*np.sqrt(C/L)*E  #コンデンサの電流(周波数がw0のとき)
Ys2=C/L*(j*w*L+1.0/(j*w*C))  #並列回路の電気アドミタンス

##インダクタ、コンデンサ、抵抗を直列接続
Z=Z1+Z2+Zr  #インピーダンス
Ilcr=E/Z  #電流
Y=Ilcr/E  #電気アドミタンス(=1/Z)
Q=1.0/(w0*C*R)  #選択率Q
ZQ=1.0/(j*(w/w0)+1.0/Q+(1.0/j)*(w0/w))  #Zを書き換えた式


print('直列共振回路のローパス・フィルタとハイパス・フィルタ','¥n')
print('共振周波数')
print(fre,'¥n')
print('信号伝達特性(ローパス・フィルタ)')
print(EoEi1,'¥n')
print('信号伝達特性(ハイパス・フィルタ)')
print(EoEi2,'¥n')
print('インダクタの電圧、周波数がカットオフ周波数w0のときの電圧')
print(El,Elw0,'¥n')
print('コンデンサの電圧、周波数がカットオフ周波数w0のときの電圧')
print(Ec,Ecw0,'¥n')
print('直列回路の電気アドミタンス(電気インピーダンスの逆数)')
```

```
print(Ys1,'¥n¥n')

print('並列の共振回路','¥n')
print('インダクタの電流、周波数がカットオフ周波数w0のときの電流')
print(Il,Ilw0,'¥n')
print('コンデンサの電流、周波数がカットオフ周波数w0のときの電流')
print(Ic,Icw0,'¥n')
print('並列回路の電気アドミタンス（電気インピーダンスの逆数）')
print(Ys2,'¥n¥n')

print('直列の共振回路(LCR)','¥n')
print('インピーダンス')
print(Z,'¥n')
print('電流')
print(Ilcr,'¥n')
print('電気アドミタンス')
print(Y,'¥n')
print('選択率Q')
print(Q,'¥n')
print('インピーダンスzを書き換えた式')
print(ZQ,'¥n')
```

1.3　「ヘルムホルツの共鳴器」と「音響インピーダンス」

「ヘルムホルツの共鳴器」による原理から、身近な楽器を使って音響のインピーダンスを求めます。

＊

「ヘルムホルツの共鳴器」は空気の振動から空洞のある壺に音が響くものです。

瓶の口に息を吹きかけると風の音がするのも共鳴器の原理です。

身近な楽器では、「ギター」や「笛」などがあります。

＊

この節では、ホイッスルやオカリナを例にとって、「音が鳴る」という仕組みを数値化しています。

「共鳴」と各種「インピーダンス」

■ 共鳴する周波数

「ヘルムホルツの共鳴器」は、「管部」と「空洞部」の壺状で構成されています。

この原理を利用した楽器は、「オカリナ」や「ホイッスル」「ギター」などがあります。

ここでは、「オカリナ」と「ホイッスル」を使います。

●「楽器のサイズ」と「面積」「容積」

「楽器」の「面積」と「容積」を求めるためにサイズを計ります。

「オカリナ」のサイズは、およそ、図のようになります。

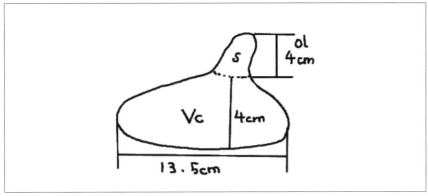

「オカリナ」のサイズ

　「管部の長さ」を「ol」とし、「断面積」を「S」、「空洞部の容積」を「Vc」とします。

　「変数」は、以下になります。

単位の変換：$cm \rightarrow m$
$m = 10^{-2}$

管部の長さ
$ol - 4.0 * m$

幅
$ow = 13.5 * m$

奥行き
$od = 4.0 * m$

　これらの値から「積分」によって、各部の「断面積」と「容積」を求めます。

　「積分用関数」を「$fs(x)$」として、それぞれの式は、以下のようになります。

管部の断面積

$$S = \int_{0.0}^{ol} fs(x)\,dx$$

空洞部の断面積

$$Vs = \int_{0.0}^{ow} fs(x)\,dx$$

空洞部の容積

$$Vc = \int_{0.0}^{od} Vs \;\; dx$$

　この「楽器」が「共鳴」する「周波数」は、以下のように求めることができます。

$$fo = \frac{c}{2.0 * \pi} \sqrt{\frac{S}{al * Vc}}$$

同じように**「ホイッスル」**のサイズを計ると、**図**のようになります。

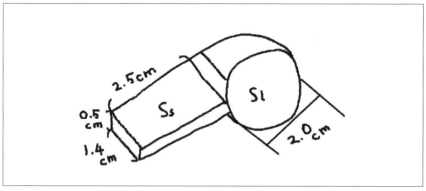

「ホイッスル」のサイズ

　「Ss」を「s 側の断面積」とし、「Sl」を「l 側の断面積」として、それぞれの変数は、以下に設定します。

幅（ s 側）

$hws = 2.5 * m$

幅（ l 側）

$hwl = 2.0 * m$

吹き口の厚さ

$b = 0.5 * m$

空洞部の厚さ

$d = 1.4 * m$

これらの値から「 s 側」と「 l 側」の「断面積」と、「容積」を求めると、以下になります。

s 側の断面積

$$Ss = \int_{0.0}^{hws} fs(x)dx$$

s 側の容積

$$Vs = \int_{0.0}^{b} Ss \quad dx$$

l 側の断面積

$$Sl = \int_{0.0}^{hwl} fs(x)dx$$

l 側の容積

$$Vl = \int_{0.0}^{d} Sl \quad dx$$

それぞれの面で「共鳴」が起こる「周波数」は、以下のようになります。

s 側

$$fss = \frac{c}{2.0*\pi}\sqrt{\frac{Ss}{hws*Vs}}$$

l 側

$$fsl = \frac{c}{2.0*\pi}\sqrt{\frac{Sl}{hwl*Vl}}$$

■「オカリナ」のインピーダンス

● 機械インピーダンス

「音響の機械インピーダンス」は「力」と「粒子速度」の比です。

「音響での力」は、「音圧＊断面積」で表わします。

「インピーダンス」を求めるために必要な「変数」を、以下のように設定しました。

空気の密度
$ro = 1.21$

気圧（Pa）
$Pa = 101300.0$

比熱の比（空気の場合）
$Y = 1.4$

圧力と粒子速度の比（空気）
$\mu = 2.0*10^{-5}$

「インピーダンス」を求めるために必要な要素は、「質量」「スチフネス」「抵抗」です。

次のようになります。

質量

$$mam = ro * S * ol$$

スチフネス

$$sam = \frac{Y * Pa * S^2}{Vc}$$

機械抵抗

$$ram \frac{8.0 * \mu * ol}{\pi}$$

「インピーダンス」は次のように求めることができます。

$$Zam = j * w * mam + ram + \frac{sam}{j * w}$$

● **比音響インピーダンス**

「音圧」と「粒子速度」の「比」です。

「機械インピーダンス」と同じように、それぞれの要素を求めます。

比音響質量

$$mas = ro * ol$$

比音響スチフネス

$$sas = \frac{Y * Pa * S}{Vc}$$

比音響抵抗

$$ras = \frac{8.0 * \mu}{\pi} \frac{ol}{S}$$

「インピーダンス」は、先ほどの式に当てはめると、

$$Zas = j * w * mas + ras + \frac{sas}{j * w}$$

となります。

● 音響インピーダンス

「音圧」と「体積速度」(粒子速度 * 断面積)の「比」です。

それぞれの要素は以下になります。

音響質量

$$maa = \frac{ro * ol}{S}$$

音響スチフネス

$$saa = \frac{Y * Pa}{Vc}$$

音響抵抗

$$raa = \frac{8.0 * \mu}{\pi} \frac{ol}{S^{2s}}$$

「インピーダンス」は以下になります。

$$Zaa = j * w * maa + raa + \frac{saa}{j * w}$$

■「ホイッスル」の「インピーダンス」

「音圧」と「粒子速度」を以下として、「インピーダンス」を求めます。

$P =$ **音圧**

粒子速度

$$v = \frac{P}{ro * c}$$

● 比音響インピーダンス

「s 側の比音響インピーダンス」を「Zass」とし、「l 側」を「Zasl」とすると、以下の関係になります。

$$Zass = \frac{P}{v} = \frac{Ss}{Sl} Zasl$$

この式から「l 側のインピーダンス」は、以下のようになります。

$$Zasl = \frac{Zass}{\dfrac{Ss}{Sl}}$$

● 音響インピーダンス

「s 側の音響インピーダンス」を「$Zams$」とし、「l 側」を「$Zaml$」とすると、以下の関係になります。

$$Zams = \frac{P * Ss}{v} = \left(\frac{Ss}{Sl}\right)^2 Zaml$$

この式から「l 側のインピーダンス」は、次のように求めることができます。

$$Zaml = \frac{Zams}{\left(\dfrac{Ss}{Sl}\right)^2}$$

サンプル・プログラム

プログラム言語は「Python3」です。

オカリナとホイッスルの音響インピーダンスを求めるプログラム

```
import numpy as np

ff=11025.0 #サンプリング周波数
f=440.0 #音の周波数
A=1.0 #振幅
w=2.0*np.pi*f #ω
```

```python
c=331.5*np.sqrt((273.0+20)/273.0) #音速(気温20度)
t=2.0 #時間
j=1j #虚数単位
N=10 #個数


##関数
def sound(): #音源(球面波)
 x=1.0
 y=2.0
 z=3.0
 r=np.sqrt(x**2+y**2+z**2) #音源の距離
 pl=[]
 for t in range(N):
  t=t/ff
  p=(1.0/r)*A*np.sin(2.0*np.pi*f*t-(r/c))
  pl.append(p)
 return pl

def vsrule(x,na,nb): #容積積分用関数
 return x*nb-x*na

def fs(x): #面積積分用関数
 return x

def srule(f,na,nb): #積分
 N=30
 y=np.zeros(N+1)

 xa=na #積分範囲(下底)
 xb=nb #積分範囲(上底)

 z1=0.0
 z2=0.0
 h=0.0

 h=(xb-xa)/N

 for i in range(N+1):
  x=xa+h*i
  y[i]=f(x)

 for i in range(1,N,2):
```

```
    z1+=4.0*y[i]

  for i in range(2,N-1,2):
    z2+=2.0*y[i]

  s=(h/3.0)*(y[0]+z1+z2+y[N])
  return s
##関数ここまで
#オカリナのサイズ
m=10**-2 #単位：cm→m
ol=4.0*m #管部
ow=13.5*m #幅
od=4.0*m #奥行き

#オカリナの各部位の面積と容積
#管部の断面積
S=srule(fs,0.0,ol)
#空洞部の断面積
Vs=srule(fs,0.0,ow)
#空洞部の容積
Vc=vsrule(Vs,0.0,od)

#共鳴が起こる周波数
fo=(c/(2.0*np.pi))*np.sqrt(S/(ol*Vc))

ro=1.21 #空気の密度
Pa=101300.0 #気圧(Pa)
Y=1.4 #比熱の比(空気)
u=2.0*10**-5 #圧力と粒子速度の比(空気)

#機械インピーダンスを求める
mam=ro*S*ol #質量
sam=Y*Pa*S**2/Vc #スチフネス
ram=8.0*u*ol/np.pi #機械抵抗
Zam=j*w*mam+ram+sam/(j*w) #機械インピーダンス

#比音響インピーダンスを求める
mas=ro*ol #比音響質量
sas=Y*Pa*S/Vc #比音響スチフネス
ras=8.0*u/np.pi*(ol/S) #比音響抵抗
Zas=j*w*mas+ras+sas/(j*w) #比音響インピーダンス
```

```
#音響インピーダンスを求める
maa=ro*ol/S #音響質量
saa=Y*Pa/Vc #音響スチフネス
raa=8.0*u/np.pi*(ol/S**2) #音響抵抗
Zaa=j*w*maa+raa+saa/(j*w) #音響インピーダンス

print('オカリナの各部位の面積と容積')
print('管部の断面積')
print(S,'¥n')
print('空洞部の断面積')
print(Vs,'¥n')
print('空洞部の容積')
print(Vc,'¥n¥n')
print('共鳴が起こる周波数')
print(fo,'¥n¥n')
print('オカリナの機械インピーダンス')
print('質量:スチフネス:機械抵抗')
print(mam,':',sam,':',ram,'¥n')
print('機械インピーダンス')
print(Zam,'¥n¥n')
print('オカリナの比音響インピーダンス')
print('比音響質量:比音響スチフネス:比音響抵抗')
print(mas,':',sas,':',ras,'¥n')
print('比音響インピーダンス')
print(Zas,'¥n¥n')
print('オカリナの音響インピーダンス')
print('音響質量:音響スチフネス:音響抵抗')
print(maa,':',saa,':',raa,'¥n')
print('音響インピーダンス')
print(Zaa,'¥n¥n')

#ホイッスルのサイズ
#幅(s側)
hws=2.5*m
#幅(l側)
hwl=2.0*m

#吹き口の厚さ
b=0.5*m
#空洞部の厚さ
d=1.4*m
```

```
#ホイッスルの各部位の面積
#s側の断面積
Ss=srule(fs,0.0,hws)
#s側の容積
Vs=vsrule(Ss,0.0,b)

#l側の断面積
Sl=srule(fs,0.0,hwl)
#l側の容積
Vl=vsrule(Sl,0.0,d)

#共鳴が起こる周波数
fss=(c/(2.0*np.pi))*np.sqrt(Ss/(hws*Vs)) #s側
fsl=(c/(2.0*np.pi))*np.sqrt(Sl/(hwl*Vl)) #l側

P=sound() #音圧

v=P/(ro*c) #粒子速度
Zass=P/v #s側の比音響インピーダンス
Zasl=Zass/(Ss/Sl) #l側の比音響インピーダンス

Zams=np.array(P)*Ss/v #s側の音響インピーダンス
Zaml=Zams/(Ss/Sl)**2 #l側の音響インピーダンス

print('ホイッスルの各部位の面積')
print('s側の断面積')
print(Ss,'¥n')
print('l側の断面積')
print(Sl,'¥n¥n')
print('共鳴が起こる周波数')
print('s側:',fss,'l側:',fsl,'¥n¥n')
print('ホイッスルの比音響インピーダンス')
print('s側:¥n',Zass,'¥n')
print('l側:¥n',Zasl,'¥n¥n')
print('ホイッスルの音響インピーダンス')
print('s側:¥n',Zams,'¥n')
print('l側:¥n',Zaml,'¥n¥n')
```

1.4　「Arduino」と「Python」によるサウンドシステム

　「Arduino」で音の作成をしながら、「シリアル通信」や「I/O 機能」を「Python」
から操作できるようにします。

*

　「Arduino」は、電子部品を接続するだけで、電子工作を楽しむことができる
シンプルな「マイコンボード」です。

*

　この節では、「Arduino」の「シリアル通信」に着目してさまざまな音の制御
にチャレンジしていきます。

「Arduino」のシリアル通信

■「wave ファイル」の変換

　「wave ファイル」を「Arduino」で再生するために、「Audacity」という
ソフトで「raw ファイル」に変換します。

　メニューから「トラック」→「ステレオからモノラルへ」を選択します。
サンプリング周波数は、「8000Hz」に変更してください。

　「ファイルタイプ」「ヘッダ」「エンコーディング」は、次のように設定し
ます。

ファイルタイプ	その他の非圧縮ファイル
ヘッダ	RAW(header-less)
エンコーディング	Unsigned 8-bit PCM

　「raw」は、「バイナリ・ファイル」なので、次のコマンドでテキストに変
換します。

```
xxd -i filename.raw
```

　「-i」は、C 言語の配列で出力するためのスイッチです。

　端末に次のように表示されます。

```
const unsigned char filename_raw[] = {
0x87, 0x8e, 0x8c, 0x8d, 0x8c, 0x8d, 0x8c, 0x8d, 0x8c, 0x8d,
0x8c, 0x8d,
  0x8d, 0x8d, 0x8d, 0x8c, 0x8d, 0x8c, 0x8c, 0x8c, 0
x8c, 0x8c, 0x8c, 0x8c,
  ........(中略)
  0x6b, 0xab, 0x90, 0x5d, 0xc1, 0x80, 0x6a, 0xb8
};
unsigned int filename_len = 4196;
```

　ソースコードを書くテキストファイルに配列の数値をコピーします。
　変数名は変更してかまいません。
　「サンプル・プログラム」では、以下のようになります。

```
const unsigned char sound[] PROGMEM = {
  0x87, 0x8e, 0x8c, 0x8d, 0x8c, 0x8d, 0x8c, 0x8d, 0
x8c, 0x8d, 0x8c, 0x8d,
  0x8d, 0x8d, 0x8d, 0x8c, 0x8d, 0x8c, 0x8c, 0x8c, 0
x8c, 0x8c, 0x8c, 0x8c,
    ........(中略)
  0x6b, 0xab, 0x90, 0x5d, 0xc1, 0x80, 0x6a, 0xb8
};

unsigned int soundlen = 4196; // 音の長さ
```

■ スピーカーの接続

　スピーカーは、100均で売っているようなもので
大丈夫です。

　端子に「ワニ口クリップ」で接続します。

　ジャックが 3 つに分かれていますが、先端から「L」「R」「GND」となっています。

　画像のように「L」と「GND」を Arduino の 3 番ピンと GND ピンに接続します。

スピーカーの端子

■ 音を作る

　音の「周波数」は、マクロで書きます。

　たとえば、「ラ」の音は次のようになります。

```
#define a4   440
```

●「音階」と「音符」の配列

　「音階」は、次のようになります。

```
int melody[]={
  c4,g4,e4,a4,g4,0,b4,c4};
```

　「0」は「休符」として使います。

　「音符」は、「4 = 4 分音符」のように数値で記述します。

```
int noteDurations[]={
  4,8,8,4,4,4,4,4
};
```

● デュレーション

　「関数 duration()」では、デュレーションを設定しています。

　配列の値から「音符」の長さに合うデュレーションを算出します。

```
 int noteDuration
=1000/noteDurations[thisNote];
```

```
tone() 関数で音を出力します。
tone(pin, melody[thisNote],noteDuration);
```

● セットアップ

「setup( )」は、Arduino スケッチのデフォルト関数です。

「変数」や「繰り返さない処理を」ここに記述します。

```
Serial.begin(9600);
```

は、「ArduinoIDE」のシリアルモニターからシリアル通信を行なうために
必要です。

「TCCR2A」「TCCR2B」は、「3番ピン」「11番ピン」用の「タイマー」や
「カウンタ」の「制御レジスタ」です。

ここでは詳細説明を割愛しますが、「PWM」の制御を行なうものです。

ここは、「サンプル・プログラム」のように基本設定でかまいません。

■ 音を作る

● wave の再生

「play( )関数」では、「wave ファイル」から変換された「const unsigned
char sound[ ]」の音を再生します。

配列「sound[ ]」のデータを読みます。

```
OCR2B
= pgm_read_byte_near(&sound[i]);
```

■ アナログ入力

「analog( )関数」では、波形と周波数を設定して出力しています。

```
delayt = (1000000/ a4 ) / 2;
```

「PWM」は、オンオフの間隔を変更します。

「デューティー比」を変更することで、「電圧」の変化を表現します。

Arduino での「デューティー比」の値は「0.0」から「1.0」になりますが、

「analogWrite」（pin 番号 , デューティー比）では「0」から「255」で入力
します。

「デューティー比 * 255」で設定すると分かりやすいです。

■ シリアル通信

「loop( )」では、シリアルモニターからの入力に応じたプログラムが開始
されます。

入力を受け取る関数は、以下になります。

```
Serial.read();
```

「reset( ) 関数」は、入力ごとに処理が行なわれるように「アセンブラ」で
記述しています。

それぞれの処理をリセットするようになっています。

```
asm volatile ("jmp 0");
```

■ Python

● Python のシリアル通信

「Arduino」は、「Python」から入力できます。

「Python3」の場合は、ライブラリファイル「python3-serial」をインストー
ルします。

ソースコードで「import serial」とインポートします。

「Arduino」のディレクトリを指定します。

```
ser=serial.Serial('/dev/ttyACM0',9600)
```

ディレクトリは環境に合わせて変更してください。

「input( ) 関数」でキーボード入力できます。

「ser.write(b"s")」で入力された文字が「Arduino」側へ送られます。

「Arduino」のシリアルモニターで入力する文字と同じものにしてください。

● コンパイル

「Arduino スケッチ」をコンパイルしてから、「Python プログラム」をコンパイルしてください。

● Firmata

シリアル通信を行なわずに「Arduino」を操作することもできます。

「python pip」でインポートするための「ライブラリ」をインストールします。

コマンド：

```
sudo pip3 install pyfirmata
```

「Arduino」のディレクトリを指定します。

```
board = Arduino('/dev/ttyACM0')
```

「board.get_pin( ) 関数」で、「ピン番号」を指定します。

引数の「d:13:o」は、「デジタル出力：ピン番号 13:output」を指します。

スピーカーは「PWM」で出力するので、「d:3:p」です。

デジタル出力の場合、ON は、

```
pin13.write(1)
```

OFF は、

```
pin13.write(0)
```

です。

「PWM 出力」では、「デューティー比」を「0.0」から「1.0」で設定します。

● コンパイル

最初に Arduino 側で「Firmata」の設定をします。

IDE の「開く」から「Firmata」→「StandardFirmata」でスケッチを開き、コンパイル。

その後、「Python」をコンパイルします。

キーボード入力で「s」と入力すると、続けて「デューティー比」を入力するようになっています。

「c」と入力すると、プログラムが終了します。

サンプル・プログラム

プログラム言語は、「Arduino」「Python3」です。

「Arduino プログラム」と「Python シリアル通信用」「Pyfirmata 用」の3つです。

「Arduino プログラム」は、単体でも使用可能です。

「Python シリアル通信」では、「Arduino プログラム」も必要です。

Python プログラムを終了するときは、「q」と入力してください。

「Pyfirmata」では「シリアル通信」を使いません。

Arduino の音入力と Python を使ったシリアル通信

```
Arduinoプログラム
const unsigned char sound[] PROGMEM = {
  0x87, 0x8e, 0x8c, 0x8d, 0x8c, 0x8d, 0x8c, 0x8d, 0x8c, 0x8d,
0x8c, 0x8d,
  0x8d, 0x8d, 0x8d, 0x8c, 0x8d, 0x8c, 0x8c, 0x8c, 0x8c, 0x8c,
0x8c, 0x8c,
  ........(中略)
  0x6b, 0xab, 0x90, 0x5d, 0xc1, 0x80, 0x6a, 0xb8
};

unsigned int soundlen = 4196;  //音の長さ

//音階
#define c4   262
#define cs4  277
#define d4   294
```

```
#define ds4 311
#define e4   330
#define f4   349
#define fs4 370
#define g4   392
#define gs4 415
#define a4   440
#define as4 466
#define b4   494
#define c5   523

int pin=3;//スピーカー接続のピン番号

int melody[]={
  c4,g4,e4,a4,g4,0,b4,c4};

//4=4分音符，8=8分音符
int noteDurations[]={
  4,8,8,4,4,4,4,4
};

void duration()
{
  for (int thisNote = 0; thisNote < 8; thisNote++) {
    //note type
    //4分音符=1000/4，8分音符=1000/8

    int noteDuration = 1000/noteDurations[thisNote];
    tone(pin, melody[thisNote],noteDuration);

    int pauseBetweenNotes = noteDuration * 1.30;
    delay(pauseBetweenNotes);

    // stop
    noTone(pin);
  }
}

void setup()
{
  pinMode(pin, OUTPUT);
  pinMode(13,OUTPUT);//arduino付属LEDのピン番号
```

```
  Serial.begin(9600);

  TCCR2A = _BV(COM2B1) | _BV(WGM21) | _BV(WGM20);
  TCCR2B = _BV(CS20);
}

void play() {
  for (int i = 0; i < soundlen; i++) {
    OCR2B = pgm_read_byte_near(&sound[i]);
    delayMicroseconds(125);
  }
}

void analog(){

 //音の長さ

  int soundt;
  int sint;

  //delay

  int delayt;
  int sdelay;

  delayt = (1000000/ a4 ) / 2; //波形を設定
  soundt = (250000) / (delayt*2);

  float duty=0.5;
  float tempo=1.0;
  Serial.println(duty);

  for(int i=0; i<soundt*tempo; i++){

    analogWrite(pin,duty*255);
    delayMicroseconds(delayt);

    analogWrite(pin, 0);
    delayMicroseconds(delayt);

  }
}
```

```
//arduinoをリセットするための関数(アセンブラ)
void reset() {
  asm volatile ("jmp 0");
}

void loop() {
  int inputchar;
  inputchar = Serial.read();//キーボード入力

    if(inputchar!=1){
      switch(inputchar){
      case 's':
        digitalWrite(13,HIGH);
        play();
        break;

      case 'a':
        digitalWrite(13,HIGH);
        analog();
        reset();
        break;

      case 'q':
        duration();
        digitalWrite(13,LOW);
        reset();
        break;
      }
    }
}

------------------------------------------------Pythonシリアル
import serial,time

ser = serial.Serial('/dev/ttyACM0',9600)   # '/dev/ttyACM0'の部
分は自分の環境に合わせて変更する

while True:
 str=input().strip() #キーボード入力
 if(str=='s'):
  ser.write(b"s")     # LED ,play
```

```
  print('play audio')

 if(str=='a'):
  ser.write(b"a")
  print('analog sound') # LED ,analog

 if(str=='q'):
  ser.write(b"q")      # LED and sound stop
  print('stop')
  break;

ser.close() #シリアルを閉じる

-----------------------------------------------Pyfirmata
from pyfirmata import Arduino,util
from time import sleep

board = Arduino('/dev/ttyACM0')
#board.get_pin('d:13:o') digital output
#board.get_pin('a:0:i') analog input
#board.get_pin('d:3:p') digital pwm

pin13 = board.get_pin('d:13:o')
pin3 = board.get_pin('d:3:p')

while True:
 str=input().strip()

 if(str=='s'):
  print('input duty-value')
  n=input().strip() #duty:0.0?1.0
  n=float(n)
  print('start','duty=',n)
  pin13.write(1)
  pin3.write(n)

 if(str=='c'):
  pin13.write(0)
  pin3.write(0)

  print('program end')
  break;
```

第 **2** 章

方程式

ここでは、「波動方程式」「連続方程式」「運動方程式」「状態方程式」について解説していきます。

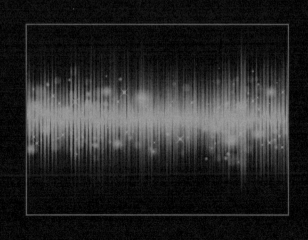

2.1 「Octave」について

　「GNU Octave」は、「数値計算」を目的としたフリーソフトのプログラム言語です。

　「MATLAB」と「文法」や「ライブラリ」を一部を除いて同じもので、互換性があります。
　また、ファイルは「m ファイル」と呼ばれ、「MATLAB」と同一の拡張子となります。

　「数値計算」以外にも、「音声ファイル」の作成や「グラフ表示」など多岐に渡ってプログラミングすることができます。

以下、「Windows 版」と「Ubuntu 版」で説明します。

インストール

■ Windows 版

以下からダウンロードします。

```
https://ftp.gnu.org/gnu/octave/windows/
```

　ダウンロードした「exe ファイル」をクリックすることで、インストーラーが立ち上がります。

■ Ubuntu 版

　「Synaptic パッケージマネージャー」やソフトウェアからダウンロードします。
　ダウンロードと同時にインストールも完了します。

コンパイル

■ Windows 版

「Octave」をクリックするとコマンドウィンドウが立ち上がります。

短いプログラムを直接記述するか、長いプログラムはテキストエディタに記述して「m ファイル名」を入力します。

別途、関数を記述するときも同じ「m ファイル」となります。

ファイル名が「test.m」の場合は、「test」と入力します。

■ Ubuntu 版

「m ファイル」をホームフォルダの任意の場所に置きます。

ここでは、「/home/user-name/program」に「test.m」ファイルを保存したとします。

● ディレクトリ移動コマンド

端末からファイルのあるディレクトリに移動します。

```
cd /home/user-name/program/
```

● 起動コマンド

「Octave」を起動します。

```
octave
```

● コマンド画面に切り替え

端末画面が「Octave」用のコマンド画面に切り替わります。

拡張子を除いてファイル名を入力します。

```
test
```

ライブラリのロード

任意の「ライブラリ」を使うことができます。

● インストールのコマンド

ライブラリのインストールは、プログラムを端末に記述、またはファイル名を入力する前に以下のコマンドを入力します。

```
pkg install -forge ライブラリ名
```

● ロードのコマンド

ライブラリのロードは、プログラムを端末に記述する場合はプログラムを入力する前に、「m ファイル」の場合は、いちばん上に記述します。

```
pkg load ライブラリ名
```

主な文法

■ 初期化

プログラムの冒頭に「clear;」と入力して初期化します。

■ 演算子

式の末尾に「;」と打つと、演算結果を非表示にします。
それ以外は値を変数ごと表示します。
変数を設定しない場合は「ans＝値」と表示されます。

以下は、「虚数」を含む式の記述例です。

```
a=1+2i
```

虚数単位は「i」または「I」、「j」または「J」と記述します。

■ ベクトル

```
a=[1:0.1:10]
```

範囲を指定して「配列」を作ります。

この場合は、「1」から「10」の値を「0.1」刻みで表示します。

```
a=[1 2;3 4]
```

2行2列の「行列」を表示します。

```
1 2
3 4
```

と表示されます。

■ 分岐

「if文」は、次のように記述します。

```
if a>5
 disp('a は 5 以上です ')
else
 disp('a は 5 以下です ')
end
```

「for文」は、次のように記述します。

```
for n=1:9
 a=n+2i
end
```


■ プロット

「グラフ」は、次のように記述します。

```
plot(x,y)
```

「hold on」とすると、複数のグラフを重ねて表示します。

```
plot(x,y1)
hold on;
plot(x,y2)
```

「subplot」はグラフの位置を指定して複数を一度に表示することができます。

```
subplot(2,1,1)
plot(x,y1)

subplot(2,1,2)
plot(x,y2)
```

「plot(x,y1)」は「2行1列1番目」に、「plot(x,y2)」は「2行1列2番目」に表示されます。

■ 関数

「関数」は、次のように記述します。

```
a=0.1;
b=0.2;

function a=f(x,y)
c=sin(x);
a=x+y+c;
end

f(a,b)
```

「python」のように外部の変数を受け取ることはできません。
引数は外部の変数分が必要です。

関数に関数を入力する場合は「@」を付けます。

```
f(@sin,b)
```

2.2 差分近似で解く「波動方程式」

「平面波音圧」、「粒子」、「球面波」の時間経過による変化を、「波動方程式」に当てはめて解いていきます。

*

「波動方程式」は、位置による変位を表す偏微分方程式です。
方程式は複雑そうに見えますが、「変位を表している」点から見ればとてもシンプルです。

主に波動や振動（双曲型）、熱の伝導（放物型）、平衡状態（楕円型）を表します。

*

この節では、音波の変位を見る「双曲型偏微分方程式」のアルゴリズムを使います。

偏微分方程式

■ 差分近似

波動や振動は、「双曲型偏微分方程式」で表わされます。

「距離 x」と「時間 t」の変数から波動方程式は、次のようになります。

$$\frac{\partial^2 u}{\partial x^2} - \frac{1}{c^2}\frac{\partial^2 u}{\partial t^2} = 0$$

「関数 u」が「時間 t」の経過でどのように変化するのかを条件を基に算出します。

主な変数を、

$N = $ 刻み

$k = $ 時間の刻み

$$h = \frac{1.0}{N}$$

$$r = \frac{k}{h}$$

$$q = r^2$$

$$s = 2.0 * (1.0 - q)$$

とします。

　方程式の差分近似式は、

$$\frac{\partial^2 u}{\partial t^2} = \frac{\partial^2 u}{\partial x^2}$$

の関係から、

$$\frac{u_i - 2u_i + u_i}{k^2} = \frac{u_i - 2u_i + u_i}{h^2}$$

と表わすことができます。

　左辺が中心差分近似、右辺が後退差分近似となっています。

　境界条件を、

$$u_0 = u_1 = 0$$

　初期条件を、

$$u_i = 1 - f(x) : \left(i = 1, 2 \ldots \frac{N}{2} \right)$$

$$u_i = 1 - f(x) : \left(i = \frac{N}{2}, \frac{N}{2} + 1 \ldots N \right)$$

とします。

安定条件は「$r < 1$」となります。

方程式は「時間 t でどのように変化するか」を求めるので、時間 t の進む方向の値を計算するために次のような式にします。

$$u_i = q\left(u_{i+1} + u_{i-1}\right) + S * u_i - u_i$$

■ 音波の波動方程式

音圧や粒子の値を方程式に当てはめてみましょう。

主な変数は以下になります。

$fs =$ サンプリング周波数

$f =$ 音の周波数

$A =$ 振幅

$w = 2.0 * \pi * f$

$c =$ 音速（気温 20 度）

$ro =$ 空気の密度

$x =$ 平面波の方向

$r =$ 球面波の距離

● 平面波

平面波の音圧は次のようになります。

$$p = A * \sin\left(w * \frac{t}{fs} - \frac{x}{c}\right)$$

+x 方向に進行する波です。

平面波音圧の波動方程式は

$$\frac{\partial^2 p}{\partial x^2} - \frac{1}{c^2}\frac{\partial^2 p}{\partial t^2} = 0$$

となります。

● 粒子速度

「粒子」は「空気1立方cm」当たりに含まれる多数の分子です。

そして、粒子の振動速度が「粒子速度」となります。

「粒子速度」は、「音圧」「音速」「空気密度」から次の式になります。

$$u_x = \frac{p}{ro*c}$$

「波動方程式」は、次のようになります。

$$\frac{\partial^2 u_x}{\partial x^2} - \frac{1}{c^2}\frac{\partial^2 u_x}{\partial t^2} = 0$$

● 粒子変位

粒子の変位は、次の式になります。

$$h = \frac{p}{ro*c*w}$$

波動方程式は、

$$\frac{\partial^2 h}{\partial x^2} - \frac{1}{c^2}\frac{\partial^2 h}{\partial t^2} = 0$$

となります。

● 球面波

距離を r とした球面波は、次の式になります。

$$sp = \frac{1.0}{r} * A * \sin\left(W * \frac{t}{fs} - \frac{r}{c}\right)$$

中心から広がっていく波です。

波動方程式は、

$$\frac{\partial^2 r * sp}{\partial^2} - \frac{1}{c^2}\frac{\partial^2 r * sp}{\partial t^2} = 0$$

となります。

サンプル・プログラム

プログラム言語は「Python3」です。

波動方程式をアルゴリズムで解くプログラムです。

「a＝input('Input:>>')」のキーボード入力により計算したい式を選択するようになっています。
「p＝平面波、u＝粒子速度、h＝粒子変位、s＝球面波」となっているので、文字を入力後、エンターキーを押してください。

その他の文字を入力、または何も入力せずにエンターキーを押した場合は、そのままプログラムが終了するようになっています。

音波の波動方程式をアルゴリズムで解くプログラム

```python
import numpy as np
import sys

fs=11025.0 #サンプリング周波数
f=440.0 #音の周波数
A=1.0 #振幅
w=2.0*np.pi*f
c=331.5*np.sqrt((273.0+20)/273.0) #空気の音速(気温20度)
ro=1.205 #空気の密度
x=1.0 #平面波の方向
y=2.0
z=3.0
r=np.sqrt(x**2+y**2+z**2) #球面波の距離

##関数
def sinw(t): #音源(平面波)
 p=A*np.sin(w*(t/fs)-x/c)
 return p

def uf(t): #平面波の粒子速度
 ux=sinw(t)/(ro*c)
 return ux

def hf(t): #平面波の粒子変位
 hx=sinw(t)/(ro*c*w)
 return hx

def spw(t): #音源(球面波)
 sp=(1.0/r)*A*np.sin(w*(t/fs)-r/c)
 spu=r*sp
 return spu

def hbola(f): #波動方程式を解くアルゴリズム
 N=10 #刻み設定
 u=[0 for i in range(N+1)]
 v=[0 for i in range(N+1)]
 w=[0 for i in range(N+1)]
 k=0.01 #時間の刻み
 h=1.0/N
 r=k/h
```

```python
q=r*r
s=2.0*(1.0-q)


for i in range(int(1+N/2)):#初期条件
 u[i]=f(i)

for i in range(int(N/2),int(N+1)):#初期条件
 u[i]=1.0-f(i)

for i in range(N+1):#境界条件
 v[i]=u[i]

for i in range(N+1):#境界条件
 w[i]=0.0

jk=[]
ul=[]
#偏微分方程式(双曲型)
for j in range(0,100+1):
 if j%10==0:
  jk.append(j*k)

  for i in range(0,N+1,1):
   ui=u[i]
   ul.append(ui)

 for i in range(1,N):
  w[i]=q*(u[i+1]+u[i-1])+s*u[i]-v[i]  #差分近似
 for i in range(N+1):
  v[i]=u[i]
  u[i]=w[i]

ja=np.array(jk)
ua=np.array(ul).reshape(N+1,N+1)


for i in range(N+1):
 j=ja[i]
 u=ua[i]
 ju=print('刻み:',j,'¥n',u,'¥n')
```

```
  fend='End of function'
  return fend
##関数ここまで
print('波動方程式を選択')
print('Input:p=平面波:u=粒子速度:h=粒子変位:s=球面波')
a=input('Input:>>') #キーボード入力
print('¥n')

if a=='p':
 print('平面波の波動方程式')
 print(hbola(sinw),'¥n')

if a=='u':
 print('粒子速度の波動方程式')
 print(hbola(uf),'¥n')

if a=='h':
 print('粒子変位の波動方程式')
 print(hbola(hf),'¥n')

if a=='s':
 print('球面波の波動方程式')
 print(hbola(spw),'¥n')

if a!='p' and a!='u' and a!='h' and a!='s':
 print('何も入力されませんでした。')
```

2.3 「連続方程式」と「運動方程式」

「音」は空気中を漂う一つの「塊」として捉えることができます。

そこで、音波を「流体力学」として、「圧力」「面積」「体積」の観点から「連続方程式」と「運動方程式」を解いてみたいと思います。

これらの方程式は、「質量の流れ」や「流体表面にかかる力」を数値化することができます。

*

この節では、「球面波」の音圧から、アルゴリズムによって方程式を解いています。

「流体力学」の方程式

■ 連続方程式

「連続方程式」では、「質量保存則」から「質量」の外部への「流出量」を見ます。

「流体の表面積」を「S」、「体積」を「V」、「微小面積」を「dS」とします。

「原点」から「点 (x, y, z)」に向かう「r 方向」の「単位ベクトル」は、以下になります。

$$n_r = \left[\frac{x}{r}, \frac{y}{r}, \frac{z}{r} \right]^T$$

「T」は「転置行列」であることを表わしています。

主な変数を、以下のように設定します。

> ro = 空気の密度
> u = 粒子速度
> $deltat$ = 0.01

　時間「t」から「$deltat$」までの「領域 V」で「微小面積 dS」から流出する質量は、次のように表わします。

$$-\iint_s ro * u.n_r \quad dS * deltat$$

　式中の「.」はベクトルの「内積」を表わします。
　ここでベクトル、

$$\left[a_x, a_y, a_z\right]^T$$

の「スカラ量」は「$div(a)$」として、以下のように表わされます。

$$div(a) = \frac{\partial a_x}{\partial x} + \frac{\partial a_y}{\partial y} + \frac{\partial a_z}{\partial z}$$

　「ガウスの定理」によって「質量の流出量」は、次の関係になります。

$$\iint ro * u.n_r \quad dS$$
$$= \iiint_V^S div(ro * u) dV$$

　「体積の積分」で表わすと次のようになります。

$$\iiint_V \left\{ \frac{\partial ro}{\partial t} + div(ro * u) \right\} dV = 0$$

　「体積 V」は任意で選ぶので、「連続方程式」は、次のようになります。

$$\frac{\partial ro}{\partial t} + div(ro * u) = 0$$

■ 運動方程式

「運動方程式」では、「力の釣り合い」を見ます。

「流体」にかかる「圧力」と「単位質量当たりの力」の「和」を考えてみましょう。

「圧力の合力」は「r 方向の単位ベクトル」と逆に働くので、次の式になります。

$$\iint_S -P * n_r \ dS$$

「スカラ量 b」の「ベクトル」を「$grad(b)$」とすると、以下のように表わされます。

$$grad(b) = \left(\frac{\partial b}{\partial x}, \frac{\partial b}{\partial y}, \frac{\partial b}{\partial z}\right)^T$$

「ガウスの定理」から「圧力の合力」は、次の関係になります。

$$\iint P * n_r \ dS$$
$$= \iint\int_V^S grad(P) \ dV$$

「x, y, z 方向」に働く「単位質量当たりの力」（ここでは「重力」）を「F」として、「体積の積分」で表わすと、以下の式になります。

$$\iiint_V \left\{ ro * F - grad(P) - ro * \frac{Dv}{Dt} \right\} dV$$
$$= 0$$

「連続方程式」と同じように「体積 V」を任意で選ぶと、「運動方程式」は次のようになります。

$$\frac{Dt}{Dt} = F = -\frac{1}{ro} * grad(P)$$

この式を「オイラーの運動方程式」と言います。

「外力の総和」は、

$$\iiint_V ro*F \ dV$$

となります。

「外力の総和」と「圧力の合力」との差は、

$$\iiint_V ro*F \ dV - \iint_S P*n_r \ dS$$

となり、「オイラーの運動方程式」を使って、次の式で表わされます。

$$\iiint_V ro*\frac{Dv}{Dt} \ dV$$

この式を「ニュートンの運動方程式」と言います。

サンプル・プログラム

プログラム言語は「Python3」です。

*

「球面波の音圧」を「圧力 P」として「連続方程式」「運動方程式」を求めるプログラムです。

「キーボード入力」で指定の番号を入力することで、結果が表示されるようになっています。

*

「連続方程式」は「微分方程式」なので、

```
def fr(x,y,t):
  return -div(t)
```

と式を変形した関数から、「ルンゲクッタ法」のアルゴリズムで解きます。

「ニュートンの運動方程式」では、

```
def sx(x,t):
 return ndf(gfx,x,t)
```

のように「x,y,z」ごとに個別に「微分」を行なっています。

この関数から「x,y,z」に対して個々に「積分」される「3重積分」となっています。

積分後の「スカラ量ベクトル」は、次の関数になります。

```
def gradn(t):
 gxn=srule(0.0,xN,sx,t)
 gyn=srule(0.0,yN,sy,t)
 gzn=srule(0.0,xN,sz,t)
 return np.array([gxn,gyn,gzn]).T
```

球面波の音圧から連続方程式と運動方程式を解くプログラム

```
import numpy as np

fs=11025.0 #サンプリング周波数
f=440.0 #音の周波数
A=1.0 #振幅
w=2.0*np.pi*f
c=331.5*np.sqrt((273.0+20)/273.0) #空気の音速(気温20度)
ro=1.205 #空気の密度
NN=3 #個数
xN=1.0
yN=2.0
zN=3.0
r=np.sqrt(xN**2+yN**2+zN**2) #距離

##関数
def spw(r,t): #音源(球面波)
 sp=(1.0/r)*A*np.sin(w*(t/fs)-r/c)
 return sp

def spws(x,t): #音源(積分用)
 x=x**2
 r=np.sqrt(x+yN**2+zN**2)
```

```
 sp=(1.0/r)*A*np.sin(w*(t/fs)-r/c)
 return sp

def nr(rN): #r方向の単位ベクトル
 n=np.array([xN/rN,yN/rN,zN/rN]).T
 return n

def uf(r,t): #球面波の粒子速度

urt=(1.0/(ro*c*r))*spw(r,t)+(1.0/(ro*r**2))*srule(0.0,NN,spws,t)
 urtn=urt*nr(r)
 return urt

def fm(x,y): #積分用関数
 x=x**2
 y=y**2
 r=np.sqrt(x+y+zN**2)
 for t in range(NN):
  m=ro*np.dot(uf(r,t),nr(r))
 return m

def srule(na,nb,f,t): #積分
 N=30
 y=np.zeros(N+1)

 xa=float(na) #積分範囲(下底)
 xb=float(nb) #積分範囲(上底)

 z1=0.0
 z2=0.0
 h=0.0

 h=(xb-xa)/N

 for i in range(N+1):
  x=xa+h*i

  y[i]=f(x,t)

 for i in range(1,N,2):
  z1+=4.0*y[i]
```

```
  for i in range(2,N-1,2):
   z2+=2.0*y[i]

  s=(h/3.0)*(y[0]+z1+z2+y[N])
  return s

def dsrule(a,b,c,d,f): #重積分(f:関数の入力)
 N=30

 xa=a #積分範囲下底(x)
 xb=b #積分範囲上底(x)
 yc=c #積分範囲下底(y)
 yd=d #積分範囲上底(y)

 hx=0.0
 hy=0.0
 ss1=0.0
 ss2=0.0
 ss3=0.0

 hx=(xb-xa)/(float(2*N))
 hy=(yd-yc)/(float(2*N))

 for i in range(N):
  x=xa+2*i*hx
  x1=x+hx
  x2=x+2*hx
  for j in range(N):
   y=yc+2*j*hy
   y1=y+hy
   y2=y+2*hy

   s1=((f(x,y)+4*f(x,y1)+f(x,y2))/3.0)*hy
   s2=((f(x1,y)+4*f(x1,y1)+f(x1,y2))/3.0)*hy
   s3=((f(x2,y)+4*f(x2,y1)+f(x2,y2))/3.0)*hy

   ss1+=s1
   ss2+=s2
   ss3+=s3

 ssx=((ss1+4*ss2+ss3)/3.0)*hx
```

```
  return ssx

def ndf(f,x,t): #微分
 h=0.0001
 return (f(x+h,t)-f(x-h,t))/(2.0*h)

def dfx(x,t):
 r=np.sqrt(x**2+yN**2+zN**2)
 roux=ro*uf(r,t)
 return roux

def dfy(y,t):
 r=np.sqrt(xN**2+y**2+zN**2)
 rouy=ro*uf(r,t)
 return rouy

def dfz(z,t):
 r=np.sqrt(xN**2+yN**2+z**2)
 rouz=ro*uf(r,t)
 return rouz

def div(t): #スカラ量
 dx=ndf(dfx,xN,t)
 dy=ndf(dfy,yN,t)
 dz=ndf(dfz,zN,t)
 return dx+dy+dz

def fr(x,y,t): #連続方程式
 return -div(t)

def rk(f,t): #ルンゲクッタ法
 EPS=0.00000001
 x,y=0.0,0.0
 h=0.01
 dx=1.0
 xmax=10.0
 ddx=0.0
 xl,yl=[],[]

 while(1):
  if x>=ddx-EPS:
   ddx+=dx
```

```
    xl.append(x)
    yl.append(y)

  k1=f(x,y,t)
  k2=f(x+h/2.0,y+h*k1*h/2.0,t)
  k3=f(x+h/2.0,y+h*k2*h/2.0,t)
  k4=f(x+h,y+h*k3,t)

  y+=(h/6.0)*(k1+2.0*k2+2.0*k3+k4)
  x+=h
  if x>=xmax:break

 xa=np.array(xl)
 ya=np.array(yl)
 return xa,ya

def pn(x,y):
 x=x**2
 y=y**2
 r=np.sqrt(x+y+zN**2)

 for t in range(NN):
  pnds=spw(r,t)*nr(r)
 return pnds

def gfx(x,t):
 r=np.sqrt(x**2+yN**2+zN**2)
 gx=spw(r,t)
 return gx

def gfy(y,t):
 r=np.sqrt(xN**2+y**2+zN**2)
 gy=spw(r,t)
 return gy

def gfz(z,t):
 r=np.sqrt(xN**2+yN**2+z**2)
 gz=spw(r,t)
 return gz

def grad(t): #スカラ量に対するベクトル量
 gx=ndf(gfx,xN,t)
```

```
  gy=ndf(gfy,yN,t)
  gz=ndf(gfz,zN,t)
  return np.array([gx,gy,gz]).T

def nequation(): #ニュートンの運動方程式
 def sx(x,t):
  return ndf(gfx,x,t)

 def sy(y,t):
  return ndf(gfy,y,t)

 def sz(z,t):
  return ndf(gfz,z,t)

 def gradn(t): #スカラ量に対するベクトルへの積分
  gxn=srule(0.0,xN,sx,t)
  gyn=srule(0.0,yN,sy,t)
  gzn=srule(0.0,xN,sz,t)
  return np.array([gxn,gyn,gzn]).T

 nel=[]
 for t in range(NN):
  DvDt=F-gradn(t)*1.0/ro #オイラーの運動方程式
  ne=ro*DvDt #ニュートンの運動方程式
  nel.append(ne)
 return np.array(nel)
##関数ここまで

####連続方程式を求める
deltat=0.01
print('Input:1=微小面積から外部に流出する質量:2=質量の流出量:3=連続方
程式')
a=input('Input:>>') #キーボード入力
print('¥n')

if a=='1':
 rouds=-dsrule(0.0,xN,0.0,yN,fm)*deltat #dSからdeltatの間に外部
に流出する質量
 print('微小面積dSからdeltatの間に外部に流出する質量')
 print(rouds,'¥n')

if a=='2':
```

```
  gau=dsrule(0.0,xN,0.0,yN,fm) #質量の流出量
  print('質量の流出量')
  print(gau,'¥n')

if a=='3':
 eql=[]
 for n in range(NN):
  eqx,eqy=rk(fr,n) #連続方程式
  eql.append(eqy)

 print('連続方程式')
 print(np.array(eql),'¥n')

if a!='1' and a!='2' and a!='3':
 print('何も入力されませんでした。')

####運動方程式を求める
print('Input:1=圧力の合力:2=オイラーとニュートンの運動方程式')
b=input('Input:>>') #キーボード入力
print('¥n')

if b=='1':
 pnds=-dsrule(0.0,xN,0.0,yN,pn) #圧力の合力
 print('圧力の合力')
 print(pnds)

if b=='2':
 F=9.80665 #重力(単位質量当たりの力)

 dvdtl=[]
 for t in range(NN):
  DvDt=F-grad(t)*1.0/ro #オイラーの運動方程式
  dvdtl.append(DvDt)

 print('オイラーの運動方程式')
 print(np.array(dvdtl),'¥n')
 print('ニュートンの運動方程式')
 print(nequation(),'¥n') #ニュートンの運動方程式

if b!='1' and b!='2':
 print('何も入力されませんでした。')
```

2.4 「熱力学」と「状態方程式」の応用

「音」を伝える「空気」は、「圧力の変化」「密度の変化」について、「状態方程式」で表わすことができます。

そして、この方程式の基となっているのが、「熱力学第一の法則」です。

ここでは、「温度の変化」から「音圧と密度変化」との関係を探っていきます。

「熱力学」と「音波」の関係は、「エアコン」や「冷蔵庫」といった熱音響へと応用されています。

*

この節では、「熱」や「気体」のエネルギーが、「音波」に与える影響を数値化しています。

「熱力学」で求める「状態方程式」

■「気体の温度変化」と「内部エネルギー」

「1気圧」を単位で表わすと「1013hpa」です。

「単位Pa」では、

$$P = 1.013 * 10^5$$

となります。

「気温0℃」での「大気の体積」は、

$$V = 22.4 * 10^{-3} \left(m^3 \right)$$

です。

この値を基準に、「温度による体積」を求めることができます。

「0℃の体積を V_0」とすると、「温度 t℃の体積」は以下のようになります。

0℃の体積 V_0

t℃の体積 V

$$V = \frac{V_0 * (T + t)}{T}$$

「変数 T」は「絶対温度」です。
以下の数値になります。

絶対温度（K）

$T = 273$

「気圧」「体積」から「気体定数 R」を求めると、

気体定数（J/mol.K）

$$R = \frac{PV}{T} = 8.31$$

となります。

これらの値から、「気温の変化による体積と圧力の関係」を見ることができます。

たとえば、「気温20℃」になったときの「体積 V'」と「圧力 P'」が、「元の体積 V、圧力 P」の何倍かは、以下の式で求めます。

$t = 20$（温度）

$$\frac{V'}{V} = \frac{T'}{T} = \frac{T + t}{T}$$
$$\frac{P'}{P} = \frac{T'}{T} = \frac{T + t}{T}$$

「$n = 1$mol」とした「気体の内部エネルギー U」は、次の式になります。

$$n = 1mol$$
$$U = \frac{3*n*R*T}{2}$$

「気体の内部エネルギー」と「絶対温度」を微分すると「定積モル比熱」を求めることができます。

$$C_V = \left(\frac{\partial U}{\partial T}\right)_V$$

右辺の「添字 V」は、「熱力学上」のものです。
計算には必要ありません。

「内部エネルギーの式 U」の「変数 T」に「絶対温度の値 273」を代入して微分します。
この値から、「定圧モル比熱」は、

$$C_P = C_V + \left\{P + \left(\frac{\partial U}{\partial T}\right)_T\right\}\left(\frac{\partial V}{\partial T}\right)_P$$

となります。

■ 状態方程式

「圧力一定条件」から「気圧と絶対温度の微分」は、

$$\left(\frac{\partial P}{\partial T}\right)_T = 0$$

と表わすことができます。

この式から、

$$\frac{\partial (PV)}{\partial T}$$

は、以下のようになります。

$$\frac{\partial (PV)}{\partial T} = \left(\frac{\partial P}{\partial T}\right)_V * V + P\left(\frac{\partial V}{\partial T}\right)_P$$
$$= P\left(\frac{\partial V}{\partial T}\right)_P$$

「$PV = RT$」の関係から「R」は以下の式でも表わすことができます。

$$\frac{\partial (PV)}{\partial T} = \frac{\partial (RT)}{\partial T} = R$$
$$P\left(\frac{\partial V}{\partial T}\right)_P = R$$

「定圧モル比熱」に、

$$\left(\frac{\partial U}{\partial V}\right)_T = 0$$

を代入すると、

$$C_P = C_V + P\left(\frac{\partial V}{\partial T}\right)_P = C_V + R$$

となり、「定圧モル比熱」と「定積モル比熱」の比は、

$$r = \frac{C_P}{C_V}$$

となります。

「断熱」の過程で、「温度 t_0」のときの「体積 V_0」がそれぞれ「温度 t」「体積 V」となったときに以下の関係になります。

$$t * V^{r-1} = t_0 * V_0^{r-1}$$

「$PV = RT$」から、

$$\frac{PV}{R} * V^{r-1} = \frac{P_0 V_0}{R} * V_0^{r-1}$$

となります。

この式は、

$$PV^r = P_0 V_0^r$$

なので、「状態方程式」は、

$$\frac{P}{P^r} = const$$

と表わすことができます。

■「密度変化」と「状態方程式」

「温度 t」による「空気の密度 ρ」は、以下の式になります。

$$P = \frac{1013}{2.87 * (t + T)}$$

「気温20℃」のときの「密度」を「ro」、「35℃」の時を「ros」とすると、それぞれ次の値になります。

$ro = 1.205$
$ros = 1.146$

「密度変化 dro」は、

$$dro = ro - ros$$

となります。

「音速」を「C」とすると「体積弾性率 K」は、

$$K = ros * C^2$$

となり、

$$s = \frac{dro}{ros}$$

とすると「音圧 P」は以下の関係になります。

$$P = C^2 * dro = Ks$$

「密度変化による状態方程式」は、次の式になります。

$$\left(\frac{ro}{ros}\right)^r = (1.0 + s)^r$$

プログラム言語は「Python3」です。

「定積モル比熱」「定圧モル比熱」「気温が 20℃ から 35℃ に変化」したときの「状態方程式」を求めるプログラムです。

＊

「定積モル比熱」を求めるときの「微分関数 df( )」では、「変数 t」を使っていません。

「0」を代入してください。

```
Cv=df(uf,T,0)
```

「dvdt=P*df(vf,T,0.0)」は、「温度 0℃」の体積から微分するため、「t の値」が必要です。「0.0」と入力してください。

音速と温度から状態方程式を解くプログラム

```
import numpy as np


P=1.013*(10**5) #気圧(Pa)
T=273.0 #絶対温度(K)
n=1.0 #mol
V0=22.4*(10**-3) #気温0℃での空気の体積(m^3)
R=P*V0/T #気体定数

##関数
def cf(t): #音速(気温t℃)
  return 331.5*np.sqrt((T+t)/T)

def uf(Tt,t): #内部エネルギー
  return 3.0*n*R*Tt/2.0
```

```python
def vf(Tt,t): #温度による体積(m^3)
  return V0*(Tt+t)/T

def df(f,Tt,t): #微分(f:関数 Tt:絶対温度 t:温度)
  h=0.0001
  return (f(Tt+h,t)-f(Tt-h,t))/(2.0*h)

def rho(t): #気温t℃での空気密度
  p=1013.0
  ro=p/(2.87*(t+T))
  return ro
##関数ここまで
#熱力学
Cv=df(uf,T,0) #定積モル比熱(変数tは使用しないので0を入力)
Cp=Cv+R #定圧モル比熱(マイヤーの関係)
r=Cp/Cv #比熱の比

print('定積モル比熱 Cv')
print(Cv,'¥n')
print('定圧モル比熱 Cp')
print(Cp,'¥n')
print('比熱の比')
print(r,'¥n')

dvdt=P*df(vf,T,0.0)

print('P*(dv/dT)=R')
print('P*(dv/dT):',dvdt,'R:',R,'¥n¥n')
#状態方程式
t1=20.0 #気温1
t2=35.0 #気温2

ro=rho(t1)
const1=P/(ro**r)
```

第3章

ラプラス変換と電気回路

ここでは、電気回路における「モーターの制御」などに使われる「ラプラス変換」について解説していきます。

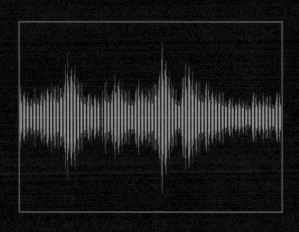

3.1 要素の伝達関数とラプラス変換

「ラプラス変換」された「積分要素」と「比例要素」の伝達関数から、「周波数応答」と「インディシャル応答」を求めます。

「ラプラス変換」は、「伝達関数」を使う古典制御の代表的な手法です。
「古典制御」は、「モーターの制御」などを線形的に行ないます。
主に「周波数応答」における安定性を測ります。
*
この節では、制御における要素3つについて解説していきます。

伝達関数

■ さまざまな要素

伝達関数は、入出力の「ラプラス変換」を使って次のように表わします。

$$G(s) = \frac{\text{出力のラプラス変換}}{\text{入力のラプラス変換}} = \frac{Y(s)}{X(s)}$$

● 積分要素

$$y(t) = k \int x(t)dt$$

のように表わされる式を、「積分要素」と言います。

この式を「ラプラス変換」すると、

$$Y(s) = \frac{kX(s)}{s}$$

となります。

この式の「伝達関数」は次のようになります。

$$G(s) = \frac{Y(s)}{X(s)} = \frac{k}{s} \qquad \cdots 式1$$

「変数 k」は、各要素の「伝達関数」にある「入力信号」を k 倍する「比例定数」です。

「$k > 1$」で信号は「増幅」し、「$k < 1$」では「減衰」、「$k = 1$」でそのまま出力されます。

●「1次遅れの比例要素」

$$T \frac{dy(t)}{dt} + by(t) = ax(t)$$

と表わされる式は、「1次遅れの比例要素」です。

この式を「ラプラス変換」すると、

$$TsY(s) + bY(s) = aX(s)$$

となります。

この式の「伝達関数」は、

$$G(s) = \frac{1}{1 + Ts} \qquad \cdots 式2$$

です。

「変数 T」は、「時定数」と言います。

一定値になるまでの目安となる値です。値が小さいほど応答は速くなります。

「RC 回路」では「$T = RC$」、「LR 回路」では「$T = L/R$」となります。

「サンプル・プログラム」では、「$T = RC$」としています。

「C」は「コンデンサ」の値、「R」は「抵抗値」です。

● 「2次遅れの比例要素」

$$a\frac{d^{2y}(t)}{dt^2} + b\frac{dy(t)}{dt} + cy(t) = kx(t)$$

と表わされる式は、「2次遅れの比例要素」です。

　この式を「ラプラス変換」すると、

$$as^2Y(s) + bsY(s) + cY(s) = kX(s)$$

となります。

　この式の「伝達関数」は次のようになります。

$$G(s) = \frac{k}{as^2 + bs + c} \qquad \cdots 式3$$

「a, b, c」は定数で以下になります。

$$a = C_1R_1C_2R_2$$
$$b = C_1R_1 + C_2R_2 + C_2R_1$$
$$c = 1$$

■「周波数応答」と「インディシャル応答」

「周波数応答」は、「伝達関数 $G(s)$」を「$G(j\omega)$」に置き換えたものです。

「絶対値 $|G(j\omega)|$」は、「ゲイン」となり、「振幅比」を表わします。

● 「積分要素」の「インディシャル応答」

　「インディシャル応答」は、「伝達関数」の式「$G(s)$」に、「ラプラス変換」後の「入力関数 $X(s)$」に「ステップ応答」の「ラプラス変換」を加えて、「$Y(s)$」を求める式に変換します。

　（**式1**）は次のようになります。

$$Y(s) = \frac{k}{s} * \frac{1}{s}$$
$$= \frac{k}{s^2}$$

この式を「逆ラプラス変換」します。

「インディシャル応答」は、

$$y(t) = L^{-1}\left[\frac{k}{s^2}\right] = kt$$

となります。

●「1次遅れの比例要素」の「インディシャル応答」

(式2) に「ステップ応答」の「ラプラス変換」を加えると次のようになります。

$$Y(s) = \frac{1}{1+Ts} * \frac{1}{s}$$

この式を「逆ラプラス変換」して「インディシャル応答」を求めると、次のようになります。

$$y(t) = L^{-1}\left[Y(s)\right]$$
$$= 1 - \exp\left(\frac{-1}{T} * t\right)$$

●「2次遅れの比例要素」の「インディシャル応答」

(式3) は、次のように変換します。

$$wn = 2\pi f$$
$$G(s) = \frac{wn^2}{s^2 + 2\zeta * wn * s + wn^2}$$

「ステップ応答」を加えると、以下になります。

$$Y(s) = \frac{wn^2}{s^2 + 2\zeta * wn * s + wn^2} * \frac{1}{s}$$

「変数ζ」は「減衰率」です。

この値が「1」のとき、「$Y(s)$」は次のようになります。

$$Y(s) = \frac{wn^2}{s(s + wn)^2}$$

この式を「逆ラプラス変換」して「インディシャル応答」を求めると、次のようになります。

$$
\begin{aligned}
y(t) &= L^{-1}\left[\frac{wn^2}{s(s + wn)^2}\right] \\
&= 1 - \exp(-wn * t) \\
&- wn * t * \exp(-wn * t)
\end{aligned}
$$

サンプル・プログラム

プログラミング言語は「Octave」です。

それぞれ「要素」の「伝達関数」から、「周波数応答」と「インディシャル応答」を求めてプロットするプログラムです。

「周波数応答」は、「自作関数」を使ったものと、「nyquist( )関数」を使った「ナイキスト線図」2種類のプロットです。

```
pkg load control;
```
は、インストールしたパッケージをロードするためのものです。
「control パッケージ」は別途インストールしてください。

行列を「伝達関数」にする、「tf( )関数」を使うために必要です。

「周波数応答」と「インディシャル応答」を求めてプロットするプログラム

```
clear;
pkg load control; %controlパッケージをロード(要インストール)


%「/」や「exp()」の前に「.」をつける
%例:「1./2」、「wn*t.*exp(-wn*t)」


%%%関数ここから
%%%周波数応答を求める関数1
%plot用
function g=G(s,flag)


%コンデンサの値μFをFに変換
C1=10*10^-6;
C2=100*10^-6;


%抵抗値(Ω)
R1=100;
R2=1000;


%定数
a=C1*R1*C2*R2;
b=C1*R1+C2*R2+C2*R1;
c=1;


T=C1*R1;
k=1;


if flag==1
  g=k./s;  %式1(積分要素)

elseif flag==2
  g=1./(1+T*s);  %式2(1次遅れの比例要素)
```

```
elseif flag==3
  g=k./(a*s.^2+b*s+c); %式3(2次遅れの比例要素)
end
endfunction


%%%周波数応答を求める関数2
%nyquist()関数用
function gn=GNYQ(flag)

%コンデンサの値μFをFに変換
C1=10*10^-6;
C2=100*10^-6;

%抵抗値(Ω)
R1=100;
R2=1000;

%定数
a=C1*R1*C2*R2;
b=C1*R1+C2*R2+C2*R1;
c=1;
k=1;
T=C1*R1;

if flag==1
  gn=tf(k,[1 0]); %式1(積分要素)

elseif flag==2
  gn=tf(k,[1 T]); %式2(1次遅れの比例要素)

elseif flag==3
  gn=tf(k,[a b c]); %式3(2次遅れの比例要素)
end
endfunction
```

```
%%%インディシャル応答を求める関数
function yi=y(t,flag)

%コンデンサの値μFをFに変換
C1=10*10^-6;

%抵抗値(Ω)
R1=100;

fs=11025;
f=440;
wn=2*pi*f;
t=t/fs;
k=1;
T=C1*R1;


if flag==1
  yi=k*t; %式1(積分要素)

elseif flag==2
  yi=1-exp(-t/T); %式2(1次遅れの比例要素)

elseif flag==3
  yi=1-exp(-wn*t)-wn*t.*exp(-wn*t); %式3(2次遅れの比例要素),減衰率
が1の時
end
endfunction
%%%%関数ここまで


%%ナイキスト線図のプロット
w=logspace(-2,4,300);
s=G(j.*w,1); %式1(積分要素)
```

```
subplot(3,3,1);
plot(real(s),imag(s));
hold on;
plot(real(s),-imag(s));
hold off;
title('積分要素(plot)');

s=G(j.*w,2); %式2(1次遅れの比例要素)
subplot(3,3,2);
plot(real(s),imag(s));
hold on;
plot(real(s),-imag(s));
hold off;
title('1次遅れの比例要素(plot)');

s=G(j.*w,3); %式3(2次遅れの比例要素)
subplot(3,3,3);
plot(real(s),imag(s));
hold on;
plot(real(s),-imag(s));
hold off;
title('2次遅れの比例要素(plot)');

%%ナイキスト線図のプロット(nyquist()関数)
sys=GNYQ(1); %式1(積分要素)

subplot(3,3,4);
nyquist(sys);
title('積分要素(nyquist()関数)');
sys=GNYQ(2); %式2(1次遅れの比例要素)
subplot(3,3,5);
nyquist(sys);
title('1次遅れの比例要素(nyquist()関数)');
```

```
sys=GNYQ(3); %式3(2次遅れの比例要素)
subplot(3,3,6);
nyquist(sys);
title('2次遅れの比例要素(nyquist()関数)');

%%インディシャル応答のプロット
t=[0.0:0.01:10.0];
yt=y(t,1); %式1(積分要素)

subplot(3,3,7);
plot(t,yt);
title('積分要素(インディシャル応答)');

yt=y(t,2); %式2(1次遅れの比例要素)
subplot(3,3,8);
plot(t,yt);
title('1次遅れの比例要素(インディシャル応答)');

yt=y(t,3); %式3(2次遅れの比例要素)
subplot(3,3,9);
plot(t,yt);
title('2次遅れの比例要素(インディシャル応答)');
```

3.2 「ラプラス変換」で解く電気回路の応答

「RC」と「RL」の直列回路における電流と電荷の「過渡応答」を、「ラプラス変換」や「部分分数展開」を使って求めます。

*

ラプラス変換は、前章の古典制御だけでなく、電気回路に対しても使われます。

「微分方程式」や「積分方程式」が比較的簡単に解けるようになります。

回路の「コンデンサ」や「インダクタ」の「電流」「電圧」も求めやすくなります。

*

この節では、過渡応答の電流や電圧を求めるために「ラプラス変換」と「逆ラプラス変換」を応用しています。

過渡応答

■「RC 回路」の電流

スイッチが入力されたときの回路の電気的な応答を「過渡応答」と言います。

「RC 回路」は、「抵抗 R」と「コンデンサ C」を直列に接続した回路です。

ここでは、「電源電圧」を「$V0$」とし、「コンデンサの電圧」を「V_c」とします。

すると、「コンデンサの電荷」（q）は、「$q = C*V_c$」と表わすことができます。

*

電流を「i」とすると、抵抗とコンデンサの電圧は、次のようになります。

$$V = Ri + \frac{q}{C}$$

「電流」を求める式は、電荷を「微分」して、

$$i(t) = \frac{dq}{dt}$$

と表わします。

*

「電荷」の「初期値」を「$q(0)=0$」とすると、「$q(t)$」は、以下の式になります。

$$q(t) = \int_0^t i(\tau)d\tau + q(0)$$

「抵抗」と「コンデンサ」の「電圧 $V(t)$」は、

$$V(t) = \frac{Ri(t) + q(t)}{C}$$

となり、この式を「ラプラス変換」すると、

$$L[V(t)] = \frac{V0}{s}$$

$$= RI(s) + \frac{I(s)}{sC} + \frac{q(0)}{sC}$$

と変換できます。

ここでは、「ラプラス変換」を「$L[\ ]$」、「逆ラプラス変換」を、「$L[\ ]^{-1}$」で表わします。

「$I(s)$」について解くと、次の式になります。

$$I(s) = \frac{V0}{R} \frac{1}{s + \frac{1}{RC}}$$

この式を「逆ラプラス変換」すると、「電流 $i(t)$」を求めることができます。

$$i(t) = L^{-1}\left[I(s)\right] = \frac{V0}{R}\exp\left(\frac{-t}{RC}\right)$$

■「RC 回路」の電荷

回路の電圧の式、

$$V(t) = R\frac{dq(t)}{dt} + \frac{q(t)}{C}$$

を「$q(t)$」について解いてみましょう。

＊

この式を「ラプラス変換」すると、

$$\frac{V0}{s} = R*s*Q(s) - R*s*q(0) + \frac{Q(s)}{C}$$
$$= Q(s)*\left(R*s + \frac{1}{C}\right) - R*s*q(0)$$

となり、さらに $Q(s)$ について変形すると、

$$Q(s) = \frac{\dfrac{V0}{s} + R*s*q(0)}{R*s + \dfrac{1}{C}}$$
$$= \frac{V0}{R}\frac{1}{s\left(s + \dfrac{1}{RC}\right)}$$

になります。

＊

次に、この式の、

$$\frac{1}{s\left(s + \dfrac{1}{RC}\right)}$$

について「部分分数展開」をします。

分子を分けて、次のように変形し、

$$
\frac{1}{s\left(s+\dfrac{1}{RC}\right)} = \frac{A}{S} + \frac{B}{s+\dfrac{1}{RC}}
$$

$$
= \frac{A\left(s+\dfrac{1}{RC}\right)+B*s}{s\left(s+\dfrac{1}{RC}\right)}
$$

両辺を、

$$
s\left(s+\frac{1}{RC}\right)
$$

で払うと、次のように変形できます。

$$
1 = A\left(s+\frac{1}{RC}\right)+B*s
$$

$$
= s(A+B)+\frac{A}{RC}
$$

これを満たすと、両辺の分子が等しくなります。

そこで、「$A+B=0$」のときを考えてみましょう。

$$
1 = \frac{A}{RC}
$$

となり、したがって、以下の関係になります。

$$
A = -B = RC
$$

これを「$Q(s)$」に当てはめたのが、次式です。

$$
Q(s) = \frac{V0}{R}\frac{RC}{s} - \frac{V0}{R}\frac{RC}{s+\dfrac{1}{RC}}
$$

$$
= \frac{C*V0}{s} - \frac{C*V0}{s+\dfrac{1}{RC}}
$$

この式を「逆ラプラス変換」すると、「$q(t)$」を求めることができます。

$$q(t) = L^{-1}\left[\frac{C*V0}{s}\right] + L^{-1}\left[\frac{-C*V0}{s + \dfrac{1}{RC}}\right]$$

$$= C*V0*U(t) - C*V0*\exp\left(\frac{-t}{RC}\right)$$

「$U(t)$」は「単位段階関数」で、「$U(t) = 1$」です。

■「RL 回路」の電流

「抵抗 R」と「コイル L」の直列回路について考えてみましょう。

*

コイルの「電流」を「iw」、「電圧」を「ew」とすると、以下のように表わせます。

$$iw = \frac{V0*\sin(\omega t)}{\omega L}$$

$$ew = j*\omega*L*iw$$

「回路の電圧の合計」は、こうです。

$$vt = R*i(t) + ew$$

電圧「ew」は、次のようにも表わせます。

$$ew = \frac{L*di(t)}{dt}$$

回路の電圧「vt」を「ラプラス変換」すると、

$$\frac{V0}{s} = RI(s) + s*L*I(s)$$

となり、この式を「$I(s)$」について解くと、次のように変形ができます。

$$I(s) = \frac{V0}{s(s*L+R)}$$

$$= \frac{V0}{s*L\left(s+\dfrac{R}{L}\right)}$$

「部分分数展開」をしてみましょう。

$$\frac{V0}{R}\left(\frac{1}{s}-\frac{1}{s+\dfrac{R}{L}}\right)$$

この式を「逆ラプラス変換」すると、「電流 $i(t)$」を求めることができます。

$$i(t) = \frac{V0}{R}\left\{U(t)-\exp\left(\frac{-R}{L}t\right)\right\}$$

サンプル・プログラム

プログラム言語は「Octave」です。

・コンデンサの電流と電荷の応答

・RL 回路の電流の応答

・コイルの電流と電圧

・RL 回路の電圧

のプロットを表示するプログラムです。

プロットの「x 軸」は「時定数」を用いた「時間」を表わしています。

「RC 回路」では「時定数」は「$R*C$」となり、「時間」は「$RC, 2RC, 3RC\cdots$」となります。

「RL 回路」では「時定数」は「L/R」となり、「時間」は「$L/R, 2L/R, 3L/R\cdots$」となります。

ラプラス変換によって電気回路の電流と電圧を求めるプログラム

```
clear;

%「/」や「exp()」の前に「.」をつける
%例：「1./2」、「wn*t.*exp(-wn*t)」

%%%%関数ここから
function i=IRC(t,fs,R,C) %RC回路の電流を求める関数
V0=3.3; %電圧
i=(V0./R).*exp(-(t./fs)./(R*C));

endfunction

function q=Q(t,fs,R,C) %コンデンサの電荷を求める関数
V0=3.3; %電圧
Ut=1; %単位ステップ関数
q=C*V0*Ut-C*V0.*exp(-(t./fs)./(R*C));

endfunction

function il=IRL(t,fs,R,L) %RL回路の電流を求める関数
V0=3.3; %電圧
Ut=1; %単位ステップ関数
il=(V0./R)*(Ut-exp(-(t./fs)*R./L));

endfunction

function rc=RC(R,C,n) %プロット用(x軸、RC回路の時定数)
rc=R*C*n;
endfunction

function lr=LR(L,R,n) %プロット用(x軸、LR回路の時定数)
lr=n*L./R;
endfunction

function iw=Iw(L,fs,t) %コイルの電流
V0=3.3;
```

```
f=440;
w=2*pi*f;
iw=V0*sin(w*(t./fs))./(w*L);
endfunction


function ew=Ew(Iw,L) %コイルの電圧
V0=3.3;
f=440;
w=2*pi*f;
ew=i*w*L*Iw;
endfunction


function vt=rlv(R,L,vl) %RL回路の電圧
V0=3.3;
I=V0./R;
vt=R*I+vl;
endfunction
%%%%関数ここまで


fs=11025;
n=10;
t=[0:1:n];
V0=3.3; %電圧
%コンデンサの値μFをFに変換
C=10*10^-6;


%抵抗値(Ω)
R=100;


%インダクタの値μFをFに変換
L=100*10^-6;


it=IRC(t,fs,R,C); %RC回路の電流
nrc=RC(R,C,t); %時定数


qt=Q(t,fs,R,C); %RC回路の電荷
```

```
il=IRL(t,fs,R,L); %RL回路の電流
nlr=LR(L,R,t);

iw=Iw(L,fs,t); %コイルの電流
ew=Ew(iw,L); %コイルの電圧
vt=rlv(R,L,ew); %RL回路の電圧

%%プロット
subplot(2,3,1);
plot(nrc,it);
title('コンデンサの電流の応答');

subplot(2,3,2);
plot(nrc,qt);
title('コンデンサの電荷の応答');

subplot(2,3,3);
plot(nlr,il);
title('RL回路の電流の応答');

subplot(2,3,4);
plot(nlr,iw);
title('コイルの電流');

subplot(2,3,5);
plot(nlr,real(ew)+imag(ew));
title('コイルの電圧');

subplot(2,3,6);
plot(nlr,real(vt)+imag(vt));
title('RL回路の電圧');
```

「ナイキスト安定判別法」と「ゲイン余裕」

「開ループ伝達関数」の「ゲイン」「位相」からその安定度を計ります。

*

「ナイキスト安定判別法」は、フィードバック系の制御に使い、システムの安定性を測ります。

極を求める計算をすることなく、実部に正の極があるかを判別します。

*

この節では、「安定するゲイン定数」について着目しています。

「フィードバック制御」の安定判別

■ 開ループ伝達関数

「開ループ伝達関数」は、「伝達関数 $G(s)$」に「フィードバック関数 $H(s)$」でフィードバック結合された一巡伝達関数です。

● 分数の実部と虚部

分母に「実部」と「虚部」がある分数の「実部 R」と「虚部 I」の値を求めてみましょう。

次のような展開になります。

$$\frac{1}{2+3j} = \frac{1}{2+3j}\frac{2-3j}{2-3j}$$

$$= \frac{2-3j}{2^2-9j^2} = \frac{2-3j}{13}$$

$(a+b)(a-b) = a^2 - b^2$ から分母と分子に同じ式を掛けます。

よって、「実部」と「虚部」は、以下になります。

$$R = \frac{2}{13} \quad I = \frac{-3}{13}$$

● ゲイン余裕

「ナイキスト安定」の判別は、「位相交差周波数」が $(-1, j0)$ より右側を通ると安定となります。

「ゲイン余裕」は、ゲインがあとどれくらいで「1」になり、不安定になるかを表わします。

以下のような「伝達関数」を考えてみましょう。

$$G(s)H(s) = \frac{k}{s(s+1)}\frac{1}{s+2}$$

「ゲイン定数 k」を「1」「$\omega = w$」、虚数単位を「j」とします。

「$s = jw$」なので、次の式になります。

$$G(jw)H(jw) = \frac{1}{jw(jw+1)(jw+2)}$$

この式を展開して、「実部」と「虚部」をまとめると、以下になります。

$$= \frac{1}{-3w^2 + jw(2 - w^2)}$$

$$= \frac{-3w^2 - jw(2 - w^2)}{9w^4 + w^2(2 - w^2)^2}$$

この式からゲイン「$|G(jw)H(jw)|$」は、以下のように求めることができます。

$$\left|G(jw)H(jw)\right| \left(= \frac{1}{\sqrt{9w^4 + w^2\left(2 - w^2\right)^2}}\right)$$

「実数軸」と交わる「位相交差周波数」は、虚数部分が「0」のときの値です。

したがって、「虚数」と関わりのある「特性方程式」から、

$$2 - w^2 = 0$$

となり、このときの「w」の値が「位相交差周波数」となります。

$$wpc = \sqrt{2}$$

この値をゲインの式「w」に代入すると

$$\left|G(jwpc)H(jwpc)\right| = \frac{1}{\sqrt{9*4}}$$
$$= \frac{1}{6} = 0.166$$

となり、$(-1, j0)$ の右側を通ることから「ナイキスト安定判別」は、「安定」となります。

「k の値」がいくつまでなら安定なのかを判別する式は、

$$\left|G(jwpc)H(jwpc)\right| < 1$$

となります。

したがって、

$$\frac{k}{6} < 1$$
$$k < 6$$

となり、「k の範囲」がこの値までなら安定します。

「ゲイン余裕」は、

$$gm = -20\log_{10}\left(\frac{1}{6}\right)$$

となります。

● 位相余裕

「位相余裕」は、ゲインが「1」のとき、「位相」がどれくらい遅れると不安定になるかを表します。

$$\left|G(jw)H(jw)\right| = 1$$

のとき、

$$9w^4 + w^2\left(2 - w^2\right)^2 = 1$$

となり、この式は

$$w^6 + 5w^4 + 4w^2 - 1 = 0$$

となります。

この式の「w」の値は、実数で「0」以上なので、

$$wgc = 0.446$$

となります。

ここで、

$$-3w^2 + jw\left(2 - w^2\right)$$

の「w」に「wgc」を代入した値を「$theta$」とすると

$$theta = -3wgc^2 + j * wgc\left(2 - wgc^2\right)$$

になります。

位相を求める式、

$$\tan^{-1}\left(\frac{Imag}{Real}\right)$$

から位相余裕を求めると

$$pm =$$
$$-\left\{\tan^{-1}\left(\frac{theta.img}{theta.real}\right)*\frac{180}{\pi}+180\right\}$$
$$+180$$

となります。

単位は「ディグリー」です。

● 分子が「1」以外の場合

以下のような「伝達関数」を考えてみましょう。

$$G(s)H(s)=\frac{k}{s(s+1)}\frac{2}{(s+2)}$$

同じように「$k=1$」とすると、分子は「2」となります。

そこで、分子を「1」とするために、「1/2」を掛けて整えます。

「$1/2=0.5$」なので、以下のようになります。

$$=\frac{1}{0.5s(s+1)(s+2)}$$
$$=\frac{1}{0.5s(s^2+3s+2)}$$

式を整理すると

$$=\frac{1}{s(1+1.5s+0.5s^2)}$$

となります。

「$s = jw$」なので、

$$\frac{1}{jw\left(1 + 1.5jw - 0.5w^2\right)}$$

となり、展開して実部と虚部をまとめると以下のようになります。

$$= \frac{1}{jw - 1.5w^2 - 0.5jw^3}$$

$$= \frac{1}{-1.5w^2 + jw\left(1 - 0.5w^2\right)}$$

$$= \frac{-1.5w^2 - jw\left(1 - 0.5w^2\right)}{2.25w^4 + w^2\left(1 - 0.5w^2\right)^2}$$

この式のゲインは、

$$\left| G(jw)H(jw) \right|$$
$$= \frac{1}{\sqrt{2.25w^4 + w^2\left(1 - 0.5w^2\right)^2}}$$

となります。

「位相交差周波数」の特性方程式は、

$$1 - 0.5w^2 = 0$$
$$wpc = \sqrt{2}$$

なので、「ゲインの式 w」に代入すると、

$$\left| G(jwpc)H(jwpc) \right|$$
$$= \frac{1}{\sqrt{2.25 * 4}} = \frac{1}{3} = 0.33$$

になります。

　$(-1, j0)$ の右側を通ることから安定判別は「安定」となります。

「k」の値は、

$$\frac{k}{3} < 1$$
$$k < 3$$

まで安定します。

「ゲイン余裕」は、

$$gm = -20\log_{10}\left(\frac{1}{3}\right)$$

になります。

$$\left|G(jw)H(jw)\right| = 1$$

から、

$$2.5w^6 + 1.25w^4 + w^2 - 1 = 0$$

となり、この式を満たす「w」を「$w = wgc$」として次の式、

$$-1.5w^2 + jw\left(1 - 0.5w^2\right)$$

に代入し、その値を「$theta$」とします。

$$theta = -1.5wgc^2$$
$$+j * wgc\left(1 - 0.5wgc^2\right)$$

「位相余裕」は、

$$pm =$$
$$-\left\{\tan^{-1}\left(\frac{theta.img}{theta.real}\right) * \frac{180}{\pi} + 180\right\}$$
$$+180$$

になります。

サンプル・プログラム

プログラム言語は「Python3」です。

「ゲイン余裕」「位相余裕 (deg、rad)」「安定するゲイン定数 k」の範囲を求めるプログラムです。

ゲイン余裕、位相余裕、ゲイン定数を求めるプログラム

```
import numpy as np


###関数
def gainf1(w): #1/s(s+1)(s+2)のゲイン
  return 1.0/np.sqrt(9.0*w**4+w**2*(2.0-w**2)**2)


def gainf2(w): #2/s(s+1)(s+2)のゲイン
  return 1.0/np.sqrt(2.25*w**4+w**2*(1.0-0.5*w**2)**2)


def antei1(k): #安定するkの範囲
  w=wpc1
  return (k/np.sqrt(9.0*w**4+w**2*(2.0-w**2)**2))-1.0


def antei2(k):
  w=wpc2
  return (k/np.sqrt(2.25*w**4+w**2*(1.0-0.5*w**2)**2))-1.0


def wpcf1(w): #特性方程式
  return 2.0-w**2


def wpcf2(w):
  return 1.0-0.5*w**2


def thetaf1(w): #角周波数を調べるための関数
  return w**6+5*w**4+4*w**2-1.0
```

```python
def thetaf2(w):
  return 2.5*w**6+1.25*w**4+w**2-1.0


def df(f,x):  #微分
  h=0.0001
  return (f(x+h)-f(x-h))/(2.0*h)


def newton(a,f):  #方程式を解く関数(ニュートン法)
  EPS=0.0001
  while 1:
    b=a-f(a)/df(f,a)
    if abs(a-b)<EPS:
      break
    else:
      a=b
  return b
###関数ここまで


j=1j
a=1.0
deg=180.0/np.pi
rad=np.pi/180.0

wpc1=newton(a,wpcf1)  #位相交差周波数(実数の軸と交わる点)
wpc2=newton(a,wpcf2)

gf1=gainf1(wpc1)  #ゲインを求める
gf2=gainf2(wpc2)

kk1=newton(a,antei1)  #kが安定する値
kk2=newton(a,antei2)

gm1=-20.0*np.log10(gf1)  #ゲイン余裕
```

```
gm2=-20.0*np.log10(gf2)

wgc1=round(newton(a,thetaf1),3)  #角周波数を求める
wgc2=round(newton(a,thetaf2),3)


theta1=-3.0*wgc1**2+j*wgc1*(2.0-wgc1**2)
theta2=-1.5*wgc2**2+j*wgc2*(1.0-0.5*wgc2**2)


pm1=-(np.arctan(theta1.imag/theta1.real)*deg+180.0)+180.0    #位
相余裕
pm2=-(np.arctan(theta2.imag/theta2.real)*deg+180.0)+180.0


print('1/s(s+1)(s+2)の時\n')
print('ゲイン余裕:位相余裕[deg]:位相余裕[rad]')
print(gm1,'[dB]:',pm1,'[deg]:',pm1*rad,'[rad]:')
print('k<',kk1,'で安定\n\n')


print('2/s(s+1)(s+2)の時\n')
print('ゲイン余裕:位相余裕[deg]:位相余裕[rad]')
print(gm2,'[dB]:',pm2,'[deg]:',pm2*rad,'[rad]:')
print('k<',kk2,'で安定\n')
```

第 4 章

振動と波動方程式

この章では、「音」という波を多角的に捉えるための手段として「波動方程式」をより深く解説していきます。

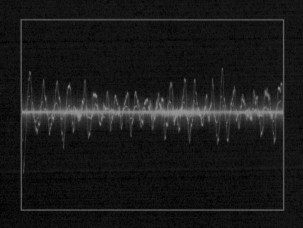

音波の振動

「ヘルムホルツ共鳴器」の音波について、さまざまな「振動」を測定します。

　音の波形は、空気をバネとすると、その力を利用して振動していることになります。

＊

　この節では、バネの振動における「単振動」「減衰振動」「強制振動」を音波に応用しています。

　これらの振動は、音の電気回路にも当てはまります。

波と力

■ ヘルムホルツの共鳴器

　「ヘルムホルツの共鳴器」は、開口部から空気が送られると内部で共鳴して音が出ます。

　楽器では、「ホイッスル」や「オカリナ」などです。

　この共鳴器の音波から、どのような振動が発せられるのかを検証してみましょう。

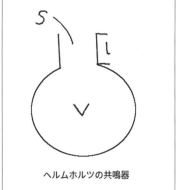

ヘルムホルツの共鳴器

ヘルムホルツ共鳴器の面積と体積

　「共鳴器」についての主な変数を、次のように設定しました。

$r1$ = 共鳴器管部の半径

$r2$ = 共鳴器内部の半径

S = 管部の断面積

V = 共鳴器内部の体積

l = 共鳴器管部の長さ

ro = 空気の密度

T = 温度℃

c = 温度 T の音速

K = 体積弾性率

m = 質量

k = バネ定数

「音波」についての変数は次の通りです。

f = 音の周波数

fs = サンプリング周波数

n = 時間の刻み

t = 時間

$w = 2.0 * \pi * f$

a = 振幅

s = 音波

d = 位相

■ 単振動

「ヘルムホルツの共鳴器」は、内部の「空気」をバネにして共鳴しています。

　そこで、開口部に吹き込まれる空気の「質量 m」の質点があるバネを想像してみましょう。

　このバネは、「質量 m」の重みに引っ張られて振動します。

　これを「単振動」といいます。

「変位 x」の「運動方程式」は、次のようになります。

$$m\ddot{x} = -kx$$
$$\rightarrow \ddot{x} = -w^2 * x$$

式は「ニュートンの記法」となっています。

$$\ddot{x} = \frac{\partial^2 x}{dt^2}$$

この運動方程式の一般解は、次のように表わします。

$$x1 = a * \cos(w * t - d)$$

■ 減衰振動

「単振動」に抵抗が加わった場合、徐々に減衰していく波形になります。
これを「減衰振動」といいます。

この振動についての変数を、次のように設定しています。

$$w0 = \sqrt{\frac{k}{m}}$$
$$i = 虚数単位$$
$$B = \left(\frac{a}{2.0}\right) * \exp(i * d)$$
$$y = \frac{B}{2.0 * m}$$
$$w1 = \sqrt{w0^2 - y^2}$$

この振動の「運動方程式」は、次のようになります。

$$m\ddot{x} = -kx - B\dot{x}$$
$$\rightarrow \ddot{x} + 2.0 * y * \dot{x} + w0^2 * x = 0$$

一般解は、

$$y^2 < w0^2$$

の場合、次のようになります。

$$x2 = a * \exp(-y * t) * \cos(w1 * t - d)$$

■ 過減衰

「$y^2 > w0^2$」の場合は、波形は振動せずに減少します。
これを「過減衰」と言います。

定数は、次の式で表わします。

$$y1 = \sqrt{y^2 - w0^2}$$
$$X0 = 正の初期位置$$
$$V0 = 0.2$$

過減衰の定数
$$Ca1 = \frac{(y + y1) * X0 + V0}{2.0 * y1}$$

$$Ca2 = \frac{-(y - y1) * X0 + V0}{2.0 * y1}$$

この定数を使うと、一般解は次のようになります。

$$x3 = Ca1 * \exp(-y * t + y1 * t)$$
$$+ Ca2 * \exp(-y * t - y1 * t)$$

■ 臨界減衰

「$y = w0$」の場合は、振動がなくなる「臨界減衰」となります。

定数は、次の式で表わします。

$$Cb1 = X0$$
$$Cb2 = X0 * y + V0$$

この定数から「一般解」は、次のようになります。

$$x4 = (Cb1 + Cb2 * t) * \exp(-y * t)$$

■ 強制振動

● 単振動 + 強制振動

外部から力が働くと「強制振動」になります。

「単振動」に外部の力、

$$F0 * \cos(w * t)$$

を加えたときの外力は、

$$F = -k * x1 + F0 * \cos(w * t)$$

となります。

「運動方程式」は、次のようになります。

$$m\ddot{x} = -kx + F0 * \cos(w * t)$$
$$\rightarrow \ddot{x} + w0^2 * x = f0 * \cos(w * t)$$

変数を、

$$f0 = \frac{F}{m}$$

$$A = \frac{a}{2.0} * \exp(-i * d)$$

とすると、「$w! = w0$」のとき、「一般解」は次のようになります。

$$x5 = A * \cos(w0 * t - d)$$

$$+ \frac{f0}{w0^2 - w^2} * \cos(w * t)$$

「$w = w0$」のときは、この式の分母、

$$w0^2 - w^2$$

が「0」となるため特解を求めることになります。

式は、次のようになります。

$$x5p = \frac{f0}{2.0 * w0} * t * \sin(w0 * t)$$

● 減衰振動＋強制振動

同じように、外部の力が減衰振動にかかった場合も考えてみましょう。
この運動方程式は次のようになります。

$$m\ddot{x} = -kx - a\dot{x} + F0 * \cos(w * t)$$

$$\rightarrow \ddot{x} + 2 * u * \dot{x} + w0^2 * x = f0 * \cos(w * t)$$

変数を、次のように設定します。

$$u = \frac{a}{2.0 * m}$$

$$f0a = \frac{F0}{m}$$

$$w1a = \sqrt{w0^2 - u^2}$$

この変数から振幅は、

$$Aa = \frac{f0a}{\sqrt{\left(w0^2 - w^2\right)^2 + 4.0 * u^2 * w^2}}$$

となり、位相は

$$tand = \frac{2.0 * u * w}{w0^2 - w^2}$$

となります。

一般解は、次のようになります。

$$x6 = B * \exp\left(-u * t\right) * \cos\left(w1a * t + d\right)$$
$$+ Aa * \cos\left(w * t - tand\right)$$

サンプル・プログラム

プログラム言語は「Octave」です。

「単振動」「減衰振動」「過減衰」「臨界減衰」「単振動＋強制振動」「減衰振動＋強制振動」の波形を求めるプログラムです。

「変数*l*」の値によって減衰振動と過減衰の測定結果が出ます。
任意で変更してください。

単振動や減衰振動の波形を求めるプログラム

```
l>0.3    減衰振動
l=0.1と0.2    過減衰


clear;

r1=0.5*10^-2;    %共鳴器管部の半径（cmをmに換算）
r2=2.0*10^-2;    %共鳴器内部の半径
S=pi*r1^2;    %管部の断面積
V=(4.0/3.0)*pi*r2^3;    %共鳴器内部の体積
l=0.2*10^-2;    %共鳴器管部の長さ
ro=1.205;    %空気の密度
T=20.0;    %温度(℃)
c=331.5+0.61*T;    %温度Tの音速
K=ro*c^2;    %体積弾性率
m=S*l*ro;    %質量
k=K*S^2/V;    %バネ定数

f=440.0;    %音の周波数
fs=11025.0;    %サンプリング周波数
n=[0.1:0.1:1.0];    %時間の刻み
t=n/fs;    %時間
w=2.0*pi*f;
a=0.01;    %振幅
s=a*sin(w*t);    %音波
d=angle(fft(s));    %位相

%%単振動
disp('単振動')
x1=a*cos(w*t-d)

%%減衰振動、過減衰、臨界減衰
w0=sqrt(k/m);
B=(a/2.0)*exp(i*d);
y=B/(2.0*m);
w1=sqrt(w0^2-y.^2);
```

```
y1=sqrt(y.^2-w0^2);
X0=1.0; %正の初期位置
V0=0.2;


if y.^2 < w0^2 %l>=0.3 減衰振動を測定する
disp('減衰振動(y^2 < w0^2)')

b=w1<w0; %w1<w0が成り立つ配列
w1b=w1(b); %該当する配列を再格納する

for len=[1:1:length(w1b)]
x2=a*exp(-y(len)*t(len))*cos(w1b(len)*t(len)-d(len))   %減衰振動
(w1<w0の時)
end
end


if y.^2 > w0^2 %l=0.1,0.2 過減衰を測定する
disp('過減衰(y^2 > w0^2)')

b=y1>0; %が成り立つ配列
y1b=y1(b); %該当する配列を再格納する

Ca1=((y+y1b)*X0+V0)/(2.0*y1b); %過減衰の定数1
Ca2=(-(y-y1b)*X0+V0)/(2.0*y1b); %過減衰の定数2

for len=[1:1:length(y1b)]
x3=Ca1*exp(-y(len)*t(len)+y1b(len)*t(len))+Ca2*exp(-
y(len)*t(len)-y1b(len)*t(len))
end
end

y=w0;
Cb1=X0;
Cb2=X0*y+V0;


disp('臨界減衰(y=w0)')
```

```
for len=[1:1:length(t)] %臨界減衰を測定する
x4=(Cb1+Cb2*t(len))*exp(-y*t(len))
end


%%強制振動
F0=0.5; %外力の振幅
F=-k*x1+F0*cos(w*t); %F0*cos(w*t)の力が働いた時の外力
f0=F/m;
A=(a/2.0)*exp(-i*d);

disp('単振動+強制振動(w!=w0)')
for len=[1:1:length(t)] %単振動+強制振動を測定する
x5=A(len)*cos(w0*t(len)-d(len))+(f0(len)/(w0^2-
w^2))*cos(w*t(len))
end


w01=w0;
w2=w;
w01=w2;

disp('特解(w=w0)')
for len=[1:1:length(t)] %(w0=wの時の特解)
x5p=(f0(len)/2.0*w01)*t(len)*sin(w01*t(len))
end


u=a/(2.0*m);
f0a=F0/m;
w1a=sqrt(w0^2-u^2);
Aa=f0a/sqrt((w0^2-w^2)^2+4.0*u^2*w^2); %振幅
tand=2.0*u*w/(w0^2-w^2); %位相

disp('減衰振動+強制振動')
for len=[1:1:length(t)] %減衰振動+強制振動を測定する
x6=B(len)*exp(-u*t(len))*cos(w1a*t(len)+d(len))+Aa*cos(w*t(l
en)-tand)
end
```

「音波」と「進行波の反射波」について、「波動方程式」を解きながら、弦の振動における変位を求めていきます。

*

　音の「入射波」は、遮蔽物に当たると、そのまま浸透する「透過波」と跳ね返る「反射波」に分かれます。

　「反射波」は、建築物の壁などの遮蔽物の素材や厚さ、防音に影響するので変位を測定することはとても大切です。

　「超音波」の「エコー検査」「レーダー」にも「反射波」は応用されています。

*

　この節では、「位置 x」が「0」で固定されている場合と、そうでない場合の一般解を求めます。

1+1次元波動方程式

■ 一般解と特解

　音に関係する変数を、次のように設定しました。

T = 温度℃

c = 温度 T の音速

f = 音の周波数

fs = サンプリング周波数

t = 時間

$w = 2.0 * \pi * f$

$ramda$ = 波長

k = 波数

v = 位相速度

a = 振幅

x = 位置

　「1+1次元波動方程式」は、「時間 t」と「位置 x」における振動の変位を見ることができます。

　ここでいう「振動」は、"両端を固定した弦を引っ張り、離した際の振動"です。

＊

　方程式は、「位相速度 v」「位置 x」「時間 t」から次の式で表わします。

$$\frac{\partial^2 u(x,t)}{\partial t^2} - v^2 \frac{\partial^2 u(x,t)}{\partial x^2} = 0$$

　この方程式の「一般解」は、次のようになります。

$$u(x,t) = f(x-vt) + g(x+vt)$$

　ここで、「$+x$ 方向に進行する音波」「$-x$ 方向に進行する音波」を、それぞれ次のように表わします。

$$P_1 = \sin\left\{ w*\left(t - \frac{x}{c} \right) \right\}$$

$$P_2 = \sin\left\{ w*\left(t + \frac{x}{c} \right) \right\}$$

　「関数 $f(x-vt)$」と「$g(x+vt)$」に代入すると、次のようになります。

$$f(x-vt) = a*\sin\left\{ w*\left(t - \frac{x-v*t}{c} \right) \right\}$$

$$g(x+vt) = a*\sin\left\{ w*\left(t + \frac{x+v*t}{c} \right) \right\}$$

　そしてこの方程式の「特解」は、

$$C*\exp(i*k*x - i*w*t)$$

の「実部」を取ると、次のようになります。

$$u(x,t)$$
$$= real\{C * \exp(i * k * x - i * w * t)\}$$

■ 反射波

● 固定端

「$x = 0$」で「$u(x,t) = 0$」となる境界条件のとき、「$f(x-vt)$」は「反射波」に、「$g(x+vt)$」は「入射波」になり、「反射波」は次のように表わします。

$$f(x-vt) = -g(-x+vt)$$

したがって、方程式の解は次の式になります。

$$u(x,t) = -g(-x+vt) + g(x+vt)$$

「音波」の式に代入すると、次のようになります。

$$f(x-vt) = -a * \sin\left\{w * \left(t + \frac{-x+v*t}{c}\right)\right\}$$
$$g(x+vt) = a * \sin\left\{w * \left(t + \frac{x+v*t}{c}\right)\right\}$$

「進行波」の場合は、次のようになります。

$$f(x-vt) = -C * \exp\{i * k * (x - v * t)\}$$
$$g(x+vt) = C * \exp\{-i * k * (x + v * t)\}$$

● 自由端

「$x=0$」で外力が働いていない境界条件のとき、「$f(x-vt)$」と「$g(x+vt)$」は次の関係になります。

$$u(x,t) = g(-x+vt) + g(x+vt) + c0$$
$$= g(-x+vt) + \frac{c0}{2} + g(x+vt) + \frac{c0}{2}$$

「音波の式」に代入すると、次のようになります。

$$g(-x+vt) = a * \sin\left\{w*\left(t + \frac{-x+v*t}{c}\right)\right\}$$
$$+ \frac{c0}{2.0}$$

$$g(x+vt) = a * \sin\left\{w*\left(t + \frac{x+v*t}{c}\right)\right\}$$
$$+ \frac{c0}{2.0}$$

「進行波」の場合は、次の式になります。

$$g(-x+vt) = C * \exp\left\{i*k*(x-v*t)\right\}$$
$$g(x+vt) = C * \exp\left\{-i*k*(x+v*t)\right\}$$

● 固定端（両端を固定）

両端を「$u=0$」としたとき、「$f(x-vt)$」が次の関係になります。

$$u(x,t) = f(x-vt) - f(-x-vt)$$

「音波の式」を代入すると、次のようになります。

$$f\left(x - vt\right) = a * \sin\left\{ w * \left(t - \frac{x - v * t}{c} \right) \right\}$$

$$f\left(-x - vt\right) = a * \sin\left\{ w * \left(t - \frac{-x - v * t}{c} \right) \right\}$$

「進行波」の場合は、次のようになります。

$$f\left(x - vt\right)$$
$$= -C * \exp\left\{ i * k * \left(x - v * t \right) \right\}$$

$$f\left(-x - vt\right)$$
$$= -C * \exp\left\{ i * k * \left(-x - v * t \right) \right\}$$

サンプル・プログラム

プログラム言語は「Octave」です。

「音波」「進行波」それぞれにおいて、「波動方程式」および「反射波」の「一般解」「特解」を求めています。

音波と進行波の一般解と特解を求めるプログラム

```
clear;


T=20.0; %温度(℃)
c=331.5+0.61*T; %温度Tの音速
f=440.0; %音の周波数
fs=11025.0; %サンプリング周波数
n=[0.1:0.1:1.0]; %時間の刻み
t=n/fs; %時間
w=2.0*pi*f;
ramda=c/f; %波長
```

```
k=2.0*pi/ramda; %波数
v=w/k; %位相速度
a=0.01; %振幅
x=[0.0:0.1:1.0]; %位置

%%音波の波動方程式と一般解

disp('波動方程式の一般解')
for l=[1:1:length(t)]
fx=a*sin(w*(t(l)-(x(l)-v*t(l))/c));
gx=a*sin(w*(t(l)+(x(l)+v*t(l))/c));

uxt=fx+gx %一般解
end

C=1.0;
disp('波動方程式の特解')
for l=[1:1:length(t)]

uxts=real(C*exp(i*k*x(l)-i*w*t(l))) %特解
end

%%反射波と入射波
disp('反射波(固定端)の一般解(音波)')
for l=[1:1:length(t)]
fx2=-a*sin(w*(t(l)+(-x(l)+v*t(l))/c));
gx2=a*sin(w*(t(l)+(x(l)+v*t(l))/c));

uxts2=fx2+gx2 %一般解
end

disp('反射波(固定端)の特解(進行波)')
for l=[1:1:length(t)]
fx3=-C*exp(i*k*(x(l)-v*t(l)));
gx3=C*exp(-i*k*(x(l)+v*t(l)));

uxts2=fx3+gx3 %特解
```

```
end

disp('反射波（自由端）の一般解（音波）')
for l=[1:1:length(t)]
c0=1.0; %x,tに依存しない定数
gx4a=a*sin(w*(t(l)+(-x(l)+v*t(l))/c))+c0/2.0;
gx4b=a*sin(w*(t(l)+(x(l)+v*t(l))/c))+c0/2.0;

uxts4=gx4a+gx4b %一般解
end

disp('反射波（自由端）の特解（進行波）')
for l=[1:1:length(t)]
gx5a=C*exp(i*k*(x(l)-v*t(l)));
gx5b=C*exp(-i*k*(x(l)+v*t(l)));

uxts5=gx5a+gx5b %特解
end

disp('反射波（両端が固定端）の一般解（音波）')
for l=[1:1:length(t)]
fxa=a*sin(w*(t(l)-(x(l)-v*t(l))/c));
fxb=a*sin(w*(t(l)-(-x(l)-v*t(l))/c));

uxts6=fxa-fxb %一般解
end

disp('反射波（両端が固定端）の一般解（進行波）')
for l=[1:1:length(t)]
fxc=-C*exp(i*k*(x(l)-v*t(l)));
fxd=-C*exp(i*k*(-x(l)-v*t(l)));

fxc-fxd %一般解
end
```

4.3 「フーリエ級数」による「波動方程式」の展開

「フーリエ級数」と「波動方程式」の振動を比較します。

「正弦波」は、「周波数」と「位相」が異なる場合があります。
「フーリエ級数」は、そういった「正弦波」を「直流成分」に分解するという
性質があります。

「フーリエ展開」は、波の振動を把握する上で欠かせないものです。
*
この節でも、前章に引き続き、「位置 x」が固定された場合と、そうでない場
合について「波動方程式」の解を求めていきます。

フーリエ展開

■「フーリエ級数」の変位

「フーリエ級数」は、異なった「周波数」と「位相」を、「正弦波」と「直
流」に分解する解析方法です。

「フーリエ級数」は、次の式で表わします。

$$\lim_{n \to \infty} \sum_{m=-n}^{n} Cm * \exp(i * m * x) \qquad \cdots 式1$$

このとき、「Cm」は次のようになります。

$$Cm = \frac{1}{2\pi} \int_{-\pi}^{\pi} ff(s) * \exp(-i * m * s) ds$$

「関数 $ff()$」は任意の関数となります。

ここで「時間 $t=0$」の変位の関数を定めてみましょう。

次の式になります。

$$u\left(x, t = 0\right) = ff\left(\frac{x}{2L} * 2\pi\right) \qquad \cdots 式2$$

「**式1**」と「**式2**」から展開すると、「**フーリエ級数**」の変位は次のように
なります。

$$u\left(x, 0\right) = \sum_{-\infty}^{\infty} Cm * \exp\left(i * \frac{2 * \pi * m * x}{2 * L}\right)$$

■ 波動方程式の「フーリエ展開」

「**波動方程式**」は、次の式で表わします。

$$\frac{\partial^2 u\left(x, t\right)}{\partial t^2} - v^2 \frac{\partial^2 u\left(x, t\right)}{\partial x^2} = 0 \qquad \cdots 式3$$

「位置 x」と「時間 t」における変位を求めることができます。
「変数 v」は「位相速度」です。

「変位」を表わす式は、

$$u\left(x, t\right) = \sum_{m=-\infty}^{\infty} Cm\left(t\right)$$
$$\exp\left(i \frac{2 * \pi * m * x}{2 * L}\right) \qquad \cdots 式4$$

となります。

「$Cm(t)$」は、

$$Cm * \left(t\right) = C\_m\left(t\right)$$

の複素共役です。

　このことから、「**式4**」を「**式3**」に代入すると、

$$\sum_{m=-\infty}^{\infty}\left\{\ddot{C}m(t)+v^2*\left(\frac{2*\pi*m}{2*L}\right)^2*Cm(t)\right\}$$
$$\exp\left(i\frac{2*\pi*m*x}{2*L}\right)$$

となります。

　この式は、次のようになります。

$$\ddot{C}m(t)+v^2*km^2*Cm(t)=0$$

　「変数 *km*」は、

$$km=\frac{2*\pi*m}{2*L}$$

です。

　「*Cm(t)*」は、次の式になります。

$$Cm(t)=Am*\exp(-i*v*km*t)$$
$$+Bm*\exp(i*v*km*t)$$

…式5

　「*Am*」と「*Bm*」はそれぞれ

$$Am*=A\_m$$
$$Bm*=B\_m$$

と「複素共役」になります。

　「**式5**」を「**式4**」に代入すると、「**変位**」を求めることができます。

$$u(x,t)$$
$$= \sum_{m \neq 0} Am * \exp\{i*km*(x-v*t)\}$$
$$+ \sum_{m \neq 0} Bm * \exp\{i*km*(x+v*t)\}$$
$$+C0+C1*t$$

…式6

■ 固定端の「フーリエ展開」

位置「$x=0$」が固定端の振動における「フーリエ展開」をしていきます。

次のようになります。

$$am = Am * \exp(-i*v*km*t)$$
$$bm = Bm * \exp(i*v*km*t)$$

$$\sum_{m \neq 0} \{am+bm\}$$
$$+C0+C1*t = 0$$

固定端は、任意定数「$C0$」と「$C1$」が「$C0=C1=0$」となり、「$Bm=-A\_m$」となるので、「**式6**」に代入すると、次のように「変位」が求まります。

$$uxt1$$
$$= \sum_{m-\infty}^{\infty} Am * \exp\{i*km*(x-v*t)\}$$
$$-\exp\{i*km*(-x-v*t)\}$$

■ 自由端の「フーリエ展開」

両端が定められていない場合、「$C0$」が重心となります。

「重心」は、次の式で求めます。

$$U = \frac{\displaystyle\int_{-L}^{L} u(x,0)\,dx}{2*L} \qquad \cdots 式7$$

「変位」は次の式になります。

$$xt2 = \sum_{m \neq 0} Am * \exp\{i*km*(x-v*t)\}$$
$$-\exp\{i*km*(-x-v*t)\} + C0 + C1*t$$

サンプル・プログラム

プログラム言語は「Octave」です。

「フーリエ級数」の「変位」、固定端および自由端での波動方程式の「フーリエ展開」と「変位」を求めるプログラムです。

「simpson(f,h)」は、「シンプソンの公式」を使った積分用関数です。
「f」は「式」、「h」は「刻み幅」の値を入力します。

波動方程式のフーリエ展開から変位を求めるプログラム

```
clear;

%%%関数
%%積分用関数(シンプソン)
function r=simpson(f,h)
size=length(f);
fa=f(1);
fb=f(size);

if 3>=size
 r=h*(fa+4*f(2)+fb)./3;
 return;
```

```
end
even=f(2:2:size-1); %偶数番目の値
odd=f(3:2:size-1); %奇数番目の値
r=h*(fa+fb+4*sum(even)+2*sum(odd))./3;
endfunction

function a=ff(x) %任意の関数f(x)
L=10.0;
a=sin(x*2.0*pi/(2.0*L));
endfunction

%%%関数ここまで
%%フーリエ級数の変位
L=10.0; %位置xの範囲
h=0.0001; %刻み幅
x=0.1; %位置
s=-pi:h:pi; %積分範囲
xx=-L:h:L; %積分範囲


m=-10:10;
ux0=0.0;
ux02=0.0;
for l=[1:1:length(m)]
fex=ff(s).*exp(-i*m(l)*s);
Cm=(1.0/(2.0*pi))*simpson(fex,h);
ux0+=Cm.*exp(i*2.0*pi*m(l)*x/(2.0*L))  ;  %フーリエ級数の変位を総和
で求める
ux02+=Cm.*exp(i*2.0*pi*m(l)*xx/(2.0*L)); %重心計算用
U=simpson(ux02,h)/(2.0*L); %重心
end

disp('フーリエ級数の変位')
ux0

%%波動方程式のフーリエ展開（固定端）
f=440.0; %音の周波数
fs=11025.0; %サンプリング周波数
T=20.0; %温度(℃)
c=331.5+0.61*T; %温度Tの音速
n=[0.0:0.1:2.0]; %時間の刻み
t=n/fs; %時間
```

```
w=2.0*pi*f;

ramda=c/f; %波長
k=2.0*pi/ramda; %波数
v=w/k; %位相速度


uxt1=0.0;
for l=[1:1:length(m)]
km1=2.0*pi*m(l)/(2.0*L);
fex1=ff(s).*exp(-i*m(l)*s);
Am1=(1.0/(2.0*pi))*simpson(fex1,h);

%固定端でのフーリエ級数の変位
uxt1+=Am1.*exp(i*km1*(x-v*t(l)))-exp(i*km1*(-x-v*t(l)));
end

disp('固定端でのフーリエ級数の変位')
uxt1

%%波動方程式のフーリエ展開(自由端)
m2=1:10;
C0=U; %
C1=0.2; %任意定数

uxt2=0.0;
for l=[1:1:length(m2)]
km2=2.0*pi*m2(l)/(2.0*L);
fex2=ff(s).*exp(-i*m2(l)*s);
Am2=(1.0/(2.0*pi))*simpson(fex,h);
C=C0+C1*t(l);

%自由端でのフーリエ級数の変位
uxt2+=Am2.*exp(i*km2*(x-v*t(l)))-exp(i*km2*(-x-v*t(l)))+C;
end

disp('自由端でのフーリエ級数の変位')
uxt2
```

4.4 「横振動」「縦振動」のエネルギーと運動量

「波動方程式」を解きながら、弦の振動における、「エネルギー」と「運動量」を検証します。

*

「弦の振動」は、弦に垂直の横振動と弦と同方向の縦振動があります。
「横振動」は、弾性体の「せん断」や「ねじり」によって生まれます。
弦以外にも「梁の振動」や「地震のS波」があります。

縦振動は、金属が縦方向にこすれたときなどに生じます。
どちらも「弾性振動」です。

*

この節では、「波動方程式」の変位から、それらのエネルギーを求めています。

振動の波動方程式

■ 横振動と縦振動

「ギターの弦」を例にとってみましょう。

変数「mu」は弦の線密度、「Ta」は張力、「kap」は弦の素材であるナイロンのヤング率です。

「位置 x」と「時間 t」における変位は「$u(x,t)$」です。
弦の「横振動」を表わす波動方程式は、次のようになります。

$$mu * \frac{\partial^2 u(x,t)}{\partial t^2} = Ta * \frac{\partial^2 u(x,t)}{\partial x^2}$$

弦の「縦振動」を表わす式は、次のようになります。

$$mu * \frac{\partial^2 u(x,t)}{\partial t^2} = kap * \frac{\partial^2 u(x,t)}{\partial x^2}$$

■「波動方程式」を解く

「横振動」の「波動方程式」を解いてきます。
方程式を解くために、変数分離をします。

「変位 $u(x,t)$」を、

$$u(x,t) = f(x)g(t)$$

とします。

方程式に代入して左辺、右辺の微分に関係ない変数を外に出すと、次のようになります。

$$mu * f(x) * \frac{\partial^2 g(t)}{\partial t^2} = Ta * g(t) * \frac{\partial^2 f(x)}{\partial x^2}$$

「$mu, f(x), Ta, g(t)$」で割ると、次の式になります。

$$\frac{1}{Ta * g(t)} * \frac{\partial^2 g(t)}{\partial t^2} = \frac{1}{mu * f(x)} * \frac{\partial^2 f(x)}{\partial x^2}$$

■ 一般解を求める

「λ」の値は、次のようになります。

$$\lambda = ramda2 = -k^2$$

となります。
「サンプル・プログラム」では「ramda2」です。

式の右辺は次のように変形します。

$$\frac{\partial^2 f(x)}{\partial x^2} = \lambda * f(x) * mu$$

「$f(x) = \exp(a*x)$」として代入すると、

$$\frac{\partial^2 \exp(a*x)}{\partial x^2}$$
$$= \frac{\partial a * \exp(a*x)}{\partial x} = a^2 * \exp(a*x)$$

となります。

「$\exp(a*x)$」について、さらに変形すると、次のようになります。

$$a^2 * \exp(a*x) = \lambda * mu * \exp(a*x)$$
$$\downarrow$$
$$\exp(a*x) * (a^2 - \lambda * mu) = 0$$

「$\exp(a*x) = 0$」となると、「$f(x)$」が「0」となってしまいます。

なので、除外すると、

$$a^2 - \lambda * mu = 0$$

となります。

「左辺」の「右辺」の式の関係から「λ」は負の値なので、その場合は「a」が次の値になります。

$$a^2 = \lambda * mu$$
$$a = \pm i\sqrt{(\lambda * mu)}$$

「虚数 i」を含めることに注意してください。

「一般解 $f(x)$」は、任意定数を「A, B」として、次のようになります（「$d0$」は位相）。

$$A = (A) * \exp(i * d0)$$
$$B = (B) * \exp(i * d0)$$

$$f(x) = A * \exp\left(i\sqrt{(\lambda * mu) * x}\right)$$
$$+B * \exp\left(-i\sqrt{(\lambda * mu) * x}\right)$$

＊

こんどは「波動方程式」の「左辺」に注目してみましょう。

「λ」の値は、

$$\lambda_{nn} = -nn^2 * \pi^2 \quad (nn = 1,2,3,...)$$

です。

よって代入すると、

$$\frac{\partial^2 g(t)}{\partial t^2} = \lambda * g(t) * Ta$$

となり、変形すると、

$$\frac{\partial^2 g(t)}{\partial t^2} = -(nn * \pi)^2 * g(t) * Ta$$

となります。

さらに「$g(t) = \exp(b*t)$」として代入すると、

$$\frac{\partial^2 \exp(b*t)}{\partial t^2}$$
$$= -(nn * \pi)^2 * \exp(b*t) * Ta$$

となります。

この式を変形して「$\exp(b*t)$」について解くと、

143

$$b^2 * \exp(b * t)$$
$$= -(nn * \pi)^2 * \exp(b * t) * Ta$$
$$\downarrow$$
$$\exp(b * t) * \left\{ b^2 + (nn * \pi)^2 * Ta \right\} = 0$$

となります。

「$\exp(b*t)$」を除外して考えると、「b」の値は次のようになります。

$$b^2 = -(nn * \pi)^2 * Ta$$
$$b = \pm i * nn * \pi * \sqrt{Ta}$$

「一般解 $g(t)$」は、任意定数を「C, D」として、次のようになります（「$d0$」は位相）。

$$C = (C) * \exp(i * d0)$$
$$D = (D) * \exp(i * d0)$$

$$g(t) = C * \exp\left(i * nn * \pi * t * \sqrt{Ta}\right)$$
$$+ D * \exp\left(-i * nn * \pi * t * \sqrt{Ta}\right)$$

変位は2つの一般解から、

$$u(x,t) = f(x) * g(t)$$

となります。

「縦振動」の変位も同じ手順で求めることができます。

■ 振動のエネルギー

変位の微分について、「ニュートンの記法」で表わします。

$$u = \frac{\partial u(x,t)}{\partial x}$$

$$\dot{u} = \frac{\partial u(x,t)}{\partial t}$$

振動の「エネルギー密度」は、

$$ext = \frac{1}{2} * mu * \dot{u} + \frac{1}{2} * Ta * u$$

となります。

「エネルギー密度」の値から、積分で「弦の全エネルギー」を求めることができます。

$$Et = \int_0^L ext \quad dx$$

■ 振動の運動量

「弦の横運動」は、次のようになります。

$$PT = \int_0^L mu * \dot{u} \quad dx$$

「横振動の変位」から求めています。

「$mu * \dot{u}$」は、「横運動量密度」です。

「弦の縦運動量」は、次のようになります。

$$PL = \int_0^L mu * \dot{u} * u \quad dx$$

「縦振動の変位」2 から求めています。

「$mu * \dot{u} * u$」は、「縦運動量密度」です。

サンプル・プログラム

プログラム言語は「Octave」です。

　「横振動」と「縦振動」の波動方程式から、「一般解」「変位」「振動のエネルギー」「運動量」を求めるプログラムです。

振動のエネルギーと運動量を求めるプログラム

```
clear;

%%%関数
%%積分用関数（シンプソン）
function r=simpson(f,h)
size=length(f);
fa=f(1);
fb=f(size);

if 3>=size
 r=h*(fa+4*f(2)+fb)./3;
 return;
end
even=f(2:2:size-1); %偶数番目の値
odd=f(3:2:size-1); %奇数番目の値
r=h*(fa+fb+4*sum(even)+2*sum(odd))./3;
endfunction

function dfx=difx(f,x,A,B,k,mu) %微分1(fx()について)
h=0.001;
dfx=((f(x+h,A,B,k,mu))-f(x-h,A,B,k,mu))/(2.0*h);
endfunction

function dft1=dift1(f,t,C,D,Ta) %微分2(gt1()について)
h=0.001;
dft1=((f(t+h,C,D,Ta))-f(t-h,C,D,Ta))/(2.0*h);
endfunction

function dft2=dift2(f,t,C,D,kap) %微分3(gt2()について)
h=0.001;
dft2=((f(t+h,C,D,kap))-f(t-h,C,D,kap))/(2.0*h);
```

```
endfunction

%%%関数ここまで
L=0.65; %弦の長さ
h=0.001; %刻み幅
x=0.1; %位置

f=440.0; %音の周波数
fs=11025.0; %サンプリング周波数
T=20.0; %温度(℃)
c=331.5+0.61*T; %温度Tの音速
n=0.5; %時間の刻み
t=n/fs; %時間
ramda=c/f; %波長
k=2.0*pi/ramda; %波数
w=2.0*pi*f;

a=0.01; %振幅
s=a*sin(w*(t-x/c)); %音波
d0=angle(fft(s)); %位相

Ta=5.39*9.8; %張力
kap=2.9; %ヤング率
mu=9.2*10.0^-4; %弦の線密度

Aa=0.1;
Bb=0.1;
Cc=0.1;
Dd=0.1;
A=abs(Aa)*exp(i*d0); %
B=abs(Bb)*exp(i*d0); %
C=abs(Cc)*exp(i*d0); %
D=abs(Dd)*exp(i*d0); %任意定数

%%弦の横振動

%一般解f(x)を求める関数--------
function fxh=fx(x,A,B,k,mu)

ramda2=-k^2;
fxh=A*exp(i*sqrt(abs(ramda2*mu)*x))+B*exp(-i*sqrt(abs(ramda2*
mu)*x)); %一般解f(x)
```

```
endfunction
%------------------------------

%一般解g(t)を求める関数--------
function gth1=gt1(t,C,D,Ta)

nn=1; %nn番目
gth1=C*exp(i*nn*pi*t*sqrt(Ta))+D*exp(-i*nn*pi*t*sqrt(Ta)); %一般
解g(t)
endfunction
%------------------------------

disp('横振動の変位')
uxt1=fx(x,A,B,k,mu)*gt1(t,C,D,Ta) %横振動の変位

dx=difx(@fx,x,A,B,k,mu);
dt1=dift1(@gt1,t,C,D,Ta);

uxdx1=dx*gt1(t,C,D,Ta); %u(x,t)のxに対する微分
uxdt1=fx(x,A,B,k,mu)*dt1; %u(x,t)のtに対する微分

fprintf('¥n¥n');
disp('横振動のエネルギー密度')
exth=(1.0/2.0)*mu*uxdt1+(1.0/2.0)*Ta*uxdx1 %横振動のエネルギー密度

dex=0:h:L; %積分範囲
fxx=fx(dex,A,B,k,mu);
fxs=simpson(fxx,h); %fx()のxについての積分

dxx=difx(@fx,dex,A,B,k,mu);
dxs=simpson(dxx,h); %微分したfx()のxについての積分

uxx1=dxs*gt1(t,C,D,Ta);
utt1=fxs*dt1;

fprintf('¥n¥n');
disp('横振動の全エネルギー')
Et=(1.0/2.0)*mu*uxx1+(1.0/2.0)*Ta*utt1 %横振動の全エネルギー

fprintf('¥n¥n');
disp('弦の横運動量')
PT=mu*utt1 %弦の横運動量 mu*uxdt1=横運動量密度
```

```
%%弦の縦振動
%一般解g(t)を求める関数-----------
function gth2=gt2(t,C,D,kap)

nn=1;
gth2=C*exp(i*nn*pi*t*sqrt(kap))+D*exp(-i*nn*pi*t*sqrt(kap)); %一般
解g(t)
endfunction
%-------------------------------

fprintf('¥n¥n');
disp('縦振動の変位')
uxt2=fx(x,A,B,k,mu)*gt2(t,C,D,kap) %縦振動の変位

dt2=dift2(@gt2,t,C,D,kap);

uxdx2=dx*gt2(t,C,D,kap); %u(x,t)のxに対する微分
uxdt2=fx(x,A,B,k,mu)*dt2; %u(x,t)のtに対する微分

fprintf('¥n¥n');
disp('縦振動のエネルギー密度')
extv=(1.0/2.0)*mu*uxdt2+(1.0/2.0)*Ta*uxdx2 %縦振動のエネルギー密度

uxx2=dxs*gt2(t,C,D,kap);
utt2=fxs*dt2;

fprintf('¥n¥n');
disp('縦振動の全エネルギー')
Et2=(1.0/2.0)*mu*uxx2+(1.0/2.0)*Ta*utt2 %縦振動の全エネルギー

fprintf('¥n¥n');
disp('弦の縦運動量')
PL=mu*utt2*uxx2 %弦の縦運動量 mu*uxdt2*uxdx2=縦運動量密度
```

4.5 固体を伝わる「振動」と「波動方程式」

金属を伝わる音波における振動現象を、「波動方程式」で求めていきます。
「音速」は、以下のように媒質によって変わります。

媒 質	縦 波	横 波
空気	340	
水	1500	
鉄	5950	3240
銅	4650	2260

「空気」や「水」よりも、「金属」のほうが伝わりやすく、「縦波」のほうがより速くなります。

*

この節では、「1次元縦波」と「ねじり振動」が金属を伝わる際、音速や位置の変位がどのようになるのか波動方程式を使って検証します。

「金属」を伝わる音波

■ 縦振動

身近な金属である「銅」の細い棒に、「音波」を当てるとどのように伝わるでしょうか。

・銅のヤング率を「E」
・銅のポアソン比を「b」
・銅の剛性率を「mu」
・銅の密度を「ro」

とします。

縦波の音速を「CL」とすると、「波数 kL」は「$kL = w/CL$」と表わすことができます。

この値から、銅の棒を伝わる縦振動の「位置 x」における波動方程式は、

$$\frac{d^2 vx1(x)}{dx^2} + kL^2 * vx1(x) = 0$$

と表わされ、「一般解」は次のようになります。

$$vx1 = A * \exp(-j * kL * x)$$
$$+ B * \exp(j * kL * x)$$

■ 1次元縦波

「1次元縦波」は、金属などの媒質を1方向に伝わる「平面波」です。

「ポアソン比」を「b」とすると、「1次元縦波」の音速は次のように表わします。

$$C0 = \sqrt{\frac{1.0 - b}{(1.0 - 2.0 * b) * (1.0 + b)}} * CL$$

この場合の「波動方程式」は、

$$\frac{d^2 vx2(x)}{dx^2} + k0^2 * vx2(x) = 0$$

となります。

この方程式の「一般解」は次のようになります。

$$vx2 = A * \exp(-j * k0 * x)$$
$$+ B * \exp(j * k0 * x)$$

● 積分因子

「ニュートンの運動方程式」の

$$m * y'' - F(y) = 0$$

を、次のように変形してみましょう。

$$y'\left(m*y''-F(y)\right)$$
$$=\frac{d}{dx}\left(\frac{m*y^2}{2.0}-\int F(y)dy\right)$$

ある因子を乗ずることで導関数の形になります。

この場合は「y'」がその因子に当たります。

積分が可能になるので、「積分因子」と言います。

「1次元縦波」の波動方程式を「積分因子」で表わすと、次のようになります。

$$df1=\frac{d}{dx}\left(\frac{vx2^2}{2.0}+k0^2\int vx2\quad dx\right)$$

■ ねじり振動（金属の断面が円形）

棒の側面が位置「x」につき角度「$theta$」で回転していると「ねじり振動」
となります。

金属の断面が円形の場合を見てみましょう。

*

この振動の音速を「CT」とすると、「波数 kT」は

$$kT=w/CT$$

となります。

サンプル・プログラムの変数「omega」を「Ω」と置くと、この振動の波
動方程式は次のようになります。

$$\frac{d^2\Omega(x)}{dx^2}+kT^2*\Omega(x)=0$$

この方程式の「一般解」は、

$$vx3 = A * \exp(-j * kT * x)$$
$$+ B * \exp(j * kT * x)$$

「ねじり振動」の「波動方程式」を、「積分因子」で表わすと、次のようになります。

$$df2 = \frac{d}{dx}\left(\frac{\Omega^2}{2.0} + kT^2\int \Omega \quad dx\right)$$

■ ねじり振動（金属の断面が円形以外）

断面の半径を「R」とすると「断面2次極モーメント」は、

$$Ip = \frac{\pi}{2.0} * R^4$$

となります。

この値と金属の密度「ro」から慣性モーメントを求めると

$$JJ = ro * Ip$$

となります。

これらの値から変数「wJ」を、

$$wJ = \sqrt{w^2 * \frac{JJ}{mu * Ip}}$$

と表わすと、波動方程式は次のようになります。

$$\frac{d^2\Omega(x)}{dx^2} + wJ^2 * \Omega(x) = 0$$

この方程式の一般解は

$$vx4 = A*\exp(-j*wJ*x)$$
$$+ B*\exp(j*wJ*x)$$

となります。

　そして、この「波動方程式」を「積分因子」で表わすと、次のようになります。

$$df3 = \frac{d}{dx}\left(\frac{\Omega^2}{2.0} + wJ^2\int\Omega\quad dx\right)$$

サンプル・プログラム

　プログラム言語は「Octave」です。

　「縦振動」「1次元縦波」「ねじり振動」における波動方程式の一般解と、積分因子による式を求めるプログラムです。

一般解と積分因子を求めるプログラム

```
clear;

%%%関数
%%積分用関数(シンプソン)
function r=simpson(f,h,x,w,ff,v,t)
size=length(f);
fa=f(1);
fb=f(size);

if 3>=size
 r=h*(fa+4*f(2)+fb)./3;
 return;
end
```

```
even=f(2:2:size-1); %偶数番目の値
odd=f(3:2:size-1); %奇数番目の値
r=h*(fa+fb+4*sum(even)+2*sum(odd))./3;
endfunction

function dfx=difx(f,x,kk,w,ff,v,t) %微分1(fx()について)
hd=0.001;
dfx=((f(x+hd,x,kk,w,ff,v,t))-f(x-hd,x,kk,w,ff,v,t))/(2.0*hd);
endfunction

%%%関数ここまで

x=0.1; %位置

ff=440.0; %音の周波数
fs=11025.0; %サンプリング周波数
T=20.0; %温度(℃)
c=331.5+0.61*T; %温度Tの音速
n=0.5; %時間の刻み
t=n/fs; %時間
ramda=c/ff; %波長
k=2.0*pi/ramda; %波数
w=2.0*pi*ff;
v=w/k; %位相速度

E=130.0; %銅のヤング率
b=0.34; %銅のポアソン比
mu=E/(2.0*(1.0+b)); %銅の剛性率
ro=8960.0; %銅の密度

CL=sqrt(E/ro); %縦波の音速
kL=w/CL; %波数
A=B=0.1; %任意定数(振幅)

%%棒を伝わる縦振動
disp('方程式の解(縦振動)')
vx1=A*exp(-j*kL*x)+B*exp(j*kL*x) %方程式の解
```

```
fprintf('¥n¥n');
%%1次元縦波
disp('方程式の解（1次元縦波）')
C0=sqrt(1.0-b/((1.0-2.0*b)*(1.0+b)))*CL; %1次元縦波の音速
k0=w/C0; %波数
vx2=A*exp(-j*k0*x)+B*exp(j*k0*x) %方程式の解

disp('積分因子（1次元縦波）')

function vxx=vx(x,w,ff,v,t) %関数v(x)
vxx=j*w*sin(w*ff*(x-v*t))+cos(w*ff*(x-v*t));
endfunction

function fdx=dfs(x,kk,w,ff,v,t)
h=0.0001;
xx=0:h:x;
y=vx(xx,w,ff,v,t);

fdx=difx(@vx,x,kk,w,ff,v,t)^2/2.0+kk^2*simpson(y,h,xx,w,ff,v
,t);
endfunction

df1=difx(@dfs,x,k0,w,ff,v,t) %1次元縦波の積分因子


fprintf('¥n¥n');
%%ねじり振動（断面が円形の場合）
disp('方程式の解（ねじり振動1）')
CT=sqrt(mu/ro); %ねじり振動の音速
kT=w/CT; %波数
vx3=A*exp(-j*kT*x)+B*exp(j*kT*x) %方程式の解

disp('積分因子（ねじり振動1）')
function omg=omega(x,w,ff,v,t)
theta=pi/6.0; %位置xにつき動く角度
omg=j*w*theta*x;
```

```
endfunction

function fdx=dfo(x,kk,w,ff,v,t)

h=0.0001;
xx=0:h:x;
y=omega(xx,w,ff,v,t);

fdx=difx(@omega,x,kk,w,ff,v,t)^2/2.0+kk^2*simpson(y,h,xx,w,ff
,v,t);
endfunction

df2=difx(@dfo,x,kT,w,ff,v,t) %ねじり振動の積分因子

fprintf('¥n¥n');
%%ねじり振動（断面が円形以外の場合）
disp('方程式の解（ねじり振動2）')
R=0.5; %断面の半径
Ip=(pi/2.0)*R^4; %断面2次極モーメント
JJ=ro*Ip; %慣性モーメント
wJ=sqrt(w^2*JJ/(mu*Ip));
vx4=A*exp(-j*wJ*x)+B*exp(j*wJ*x) %方程式の解

disp('積分因子（ねじり振動2）')
df3=difx(@dfo,x,wJ,w,ff,v,t) %ねじり振動の積分因子
```

索　引

数字・アルファベット順

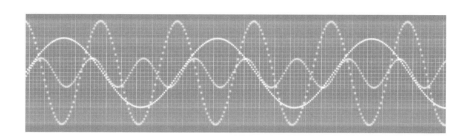

[著者略歴]

君島 武志 （きみしま・たけし）

広島県出身。
某大学経済学部経済学科卒業。

大学時代の講義がきっかけで、PC について興味をもち、PC
雑誌や書籍の執筆をしながら、独学と講座でプログラミング
の勉強を始める。
音響工学、電気電子、波形を主として取り組んでいる。

「Linux」という難解な OS に四苦八苦したが、さまざまなプロ
グラミング環境を整えることができるため、次第に虜になった。

[主な著書]

パソコンで「音」を処理する（工学社、2016 年）
「ディープ・ラーニング」ガイドブック（工学社、共著、2017 年）

本書の内容に関するご質問は、

①返信用の切手を同封した手紙
②往復はがき
③ FAX(03)5269-6031
　（返信先の FAX 番号を明記してください）
④ E-mail　editors@kohgakusha.co.jp

のいずれかで、工学社編集部あてにお願いします。
なお、電話によるお問い合わせはご遠慮ください。

I/O BOOKS

「物理数学」と「プログラム」でわかる「音」の解析

2021 年 4 月 30 日　初版発行　© 2021	著　者	君島　武志
	発行人	星　正明
	発行所	株式会社 **工学社**
		〒160-0004 東京都新宿区四谷4-28-20 2F
	電話	(03)5269-2041(代) [営業]
		(03)5269-6041(代) [編集]
※定価はカバーに表示してあります。	振替口座	00150-6-22510

[印刷] (株)エーヴィスシステムズ　　　　　　　　　　　ISBN978-4-7775-2142-5